続 今を築いた中濃の人びと

中濃史談論会　編著

左記の地図は"平成の大合併"以前の
市町村を表しています。

郡上市	白鳥町、大和町、八幡町、美並村、高鷲村、明宝村、和良村
関市	関市、板取村、洞戸村、武芸川町 上之保村、武儀町
可児市	可児市、兼山町

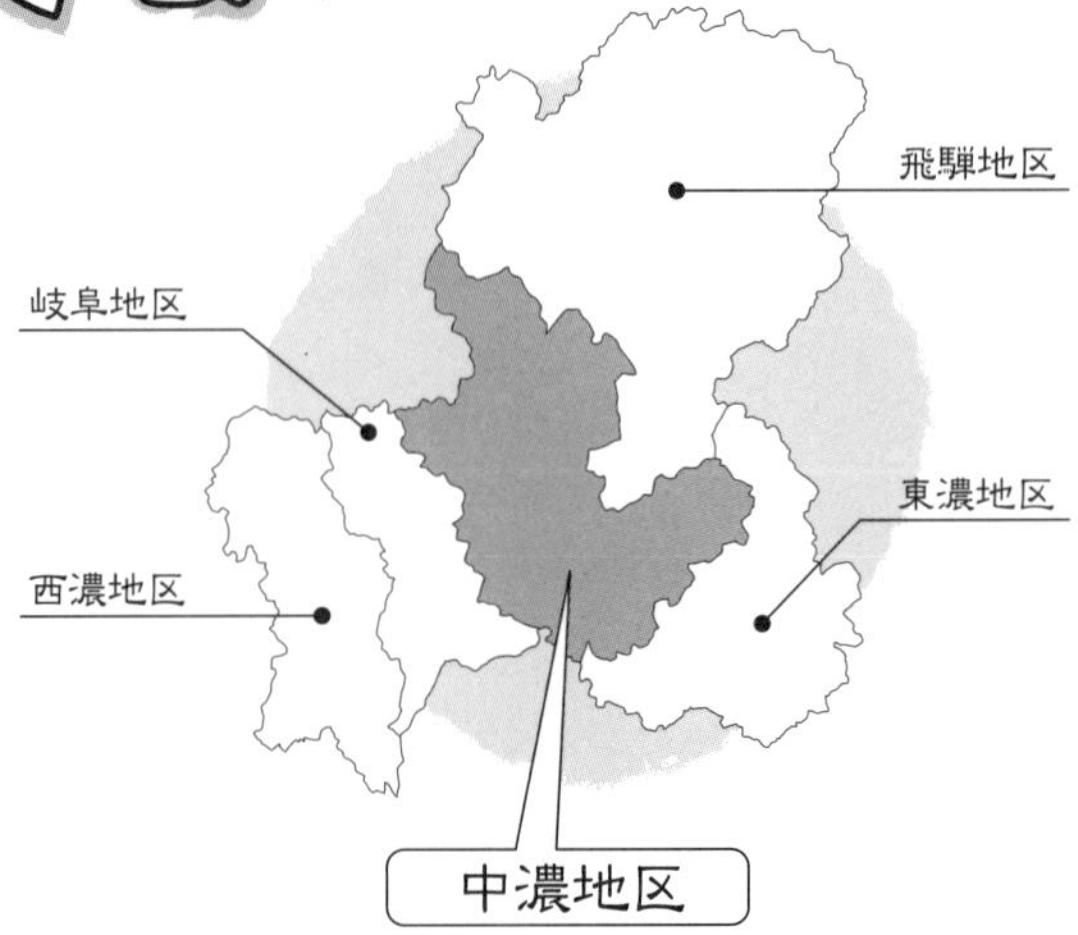

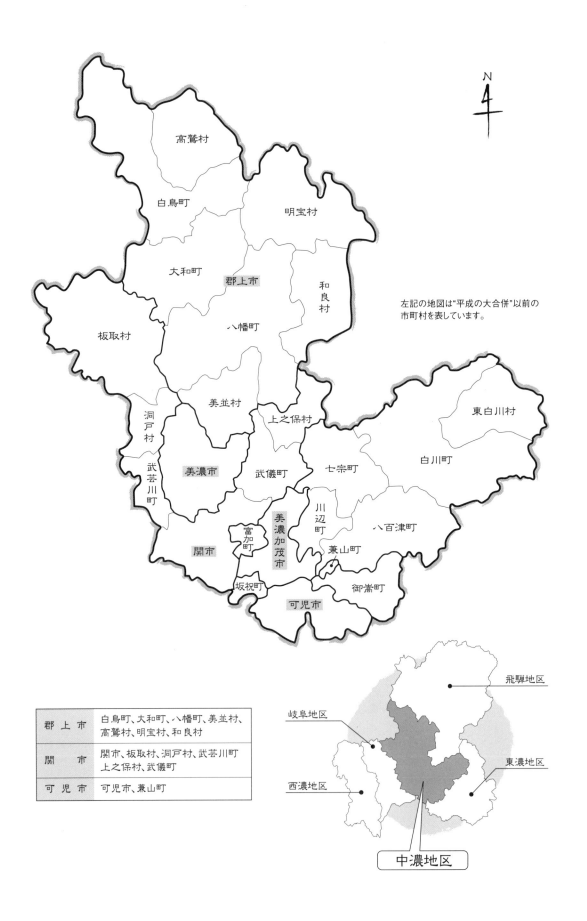

はじめに

―温故知新―

『今を築いた中濃の人びと』と題した郷土の人物誌が、平成18年12月4日発刊されました。そして、その続編として本書『続　今を築いた中濃の人びと』が、ここに誕生しました。

10年前、この日を迎えることができると誰が想像したでしょう。当時、発刊できた達成感に浸る中、脱力感や終息感も漂い始めていました。出版を機に中濃史談論会の活動を終了し、解散すべきだと考える会員がおり、否、取り上げる人物がある限り活動を継続すべきだという会員もおり、会の存続について議論が重ねられました。その結果、その人の業績や生き方から後世の私たちが力を得ることができる人物がいる限り掘り起こしを続けるという道を選びました。

続編の新聞掲載は、平成20年10月から掲載されました。月に一人の人物を取り上げ、原稿を例会で審議し、岐阜新聞「中濃版」に掲載する営みが毎月続けられました。そして、平成27年12月には再び80名の記事を積み上げることができ、その後本書発刊の運びとなりました。

ところで、私たちは、中濃という地域で力強く生きた人々の業績や生き方から今に生きる私たちが刺激を受けたり、鼓舞されたりするもの（温故知新）を紹介し続けてきました。それと同時に「中濃地域とは」、「中濃人とは」といった地域を集約できる特性を見つけようと努力してきました。しかし、１６０名の人物を通して今言えることは「多様性」こそが特性であると感じ始めています。中濃で唯一藩領としての歴史を持つ郡上市、製紙、刃物、陶磁器等伝統産業を主柱にした美濃市、関市、可児市等、また、中山道、木曽川といった交通や運輸で栄えた美濃加茂市等、どこもその地域性（歴史、産業、風土等）は多様で、ひとまとめにすることは不適切であるという結論に達しています。

最後になりますが、この続編に、前編を合わせて活用していただくことをお願いしておきたいと思います。前編には、本書の編集の意図や記事づくりの様子が記録されています。また、人物の業績や生き方と共に郷土や歴史の見方に関わる貴重な発見があったことなども紹介されています。前後両編を関わらせて読んでいただくことにより、更に新しい発見が生まれることを願っております。

本書の刊行にご協力をいただいた多数の皆様に感謝の気持ちを表すと共に、今後会員一同更に研鑽に励むことをお誓いしつつはじめの言葉とさせていただきます。

平成29年1月

勝山樹由

はじめに

例　言

第一章　先駆ける

第二章　夢見る

第三章　育む

第四章　伝える

第五章　創る

例　言

一　本書は、岐阜新聞に連載された「続今を築いた中濃の人びと」をまとめたものである。

二　本書では、近代以降の人物（一部近世を含む）を取り上げた。

三　本書の内容は、原則として新聞掲載された時のままとし、末尾に掲載年月日を記した。

四　本文は、原則として常用漢字・現代仮名づかいを用いた。
ただし、人名・地名などの固有名詞などはこの限りではない。

五　年号については、西暦（和暦）とした。

六　書名は『　』で囲み、歴史的な用語・引用文などは「　」で囲んだ。

七　本文中の人名は、原則として敬称を省略した。

第一章　先駆ける

先駆け、魁、先達

生きた時代には、広く受け入れられることもなく、時には非難を浴び、
自己犠牲を払っても、未来を信じ、信念に生きた人々
先頭に立ち、地域の人々に進むべき道を指し示した人々

自由民権から国会へ

板垣退助の演説会を企画

政治家　林　小一郎　美濃加茂市

1882(明治15)年、自由党党首の板垣退助は岐阜町(現岐阜市)で立憲政体の必要などを演説した直後、暴漢に襲われ、「板垣死すとも自由は死せず」との名言をはいたという。その3日前、加茂郡太田村(現美濃加茂市)に板垣を招き、懇親会が開かれた。

この会を企画する中心となったのが、自由民権運動を推進する板垣に共鳴し、加茂郡地域にも運動を広めようとした林小《はやしこ》一郎《いちろう》である。

林　小一郎
林由是氏所蔵

小一郎は、1853(嘉永6)年、中山道太田宿脇本陣《わきほんじん》の林家に生まれた。この年、ペリーが来航し、幕末動乱の世となった。68(慶応4)年に明治と改元され、その翌年16歳となった小一郎は、北地総管所(旧太田代官所)の下に置かれた衽革隊《じんかくたい》に入り、農民騒動の鎮圧など地域の治安維持にあたった。こうして、明治維新という激動期の地方行政に関わるようになった。79(明治12)年、小一郎は加茂郡役所書記を経て岐阜県会議員選挙に挑戦し、当選した。県会では、地方税で治水費を補う案をめぐり、小崎利準県令(後の知事)と激しく論戦し、翌80年、県令案に最後まで反対し議員を辞職した。

その頃、大阪では、愛国社第4回大会が開かれ、国会期成同盟と改称し国会開設を請願する自由民権運動は大いに盛り上がっていた。野に下った小一郎は、地域の要望を受けて地租減額の請願を小崎県令に対して行うなど、政治運動のリーダーとなっていった。82(明治15)年、小一郎は県会議員に再選されると、西濃の治水事業に重点を置く小崎県政に対して、東濃、飛騨を代表して反対した。

板垣は自由党の党勢拡大のため東京を起点に東海道遊説を行い、多治見、岩村、中津川を経て太田に入ろうとしていた。先導したのは、愛知県より入り、自由民権運動を岐阜県内に広めようとした濃飛自由党総代の岩田徳義《のりよし》(別名とくよし・とくぎ)であった。既に岩田からの要請もあり、小一郎は太田演説会の準備に奔走した。演題は「言論の自由」「国会開設の準備」などであった。しかし、県側の圧力は厳しく、演説会は実現できずに懇親会のみとなった。こうして板垣一行は林家脇本陣に一泊して岐阜へ向かい、そこで冒頭の事件となった。

県政野党の闘将であった小一郎は、中央政界の野党である自由党と結び、加茂郡地域の自由民権運動を主導した。また、大同団結をとなえ民権各派の再結集をはかる後藤象二郎を太田に迎え、団結して国会開設に備えようとする運動にも参加した。

89（明治22）年、大日本帝国憲法が発布され、翌90年、第1回衆議院議員選挙が実施された。すると小一郎は岐阜県第6区より自由党系で立候補し、見事当選を果たした。小一郎が夢みた国会はここに開設され、その初代国会議員となった。第2回は落選したが、やがて立憲政友会の立党にも参加し、1904（明治37）年の選挙では伊藤博文の政友会より立候補して当選した。そして、26（大正15）年、小一郎は73年の生涯を閉じた。

加茂郡地域の自由民権運動のリーダーとして国会開設に尽力し、その結実を見るだけに留《とど》まらず、自ら国会議員となって中央政界で活躍し、国会という実が成熟していく道程を歩みきった人生であったといえよう。

（平成27年6月26日掲載　髙木和泉）

第１回岐阜県会議員選挙の当選者

・1879（明治12）年４月
・議員定数50人（うち中濃４郡より11人）
・中濃地区の当選者一覧（議席番号順）

氏　名	出身地	年齢	職　業
小坂宗十郎	武儀郡上有知村	35	製茶業
木下喜右衛門	加茂郡下川辺村	40	
花村平吉	武儀郡谷口村		
林小一郎	**加茂郡太田村**	**26**	**農業**
和田彦左衛門	郡上郡市島村	37	製糸業
野呂万次郎	可児郡御嵩村	36	銀行取締役
塚原茂三郎	加茂郡富岡村		農業
小寺又蔵	武儀郡富之保村	47	呉服商
丹羽仙治	可児郡今渡村	39	銀行取締役
池戸彦三郎	郡上郡美山村	53	農業
中島宇兵衛	郡上郡土京村	43	

『岐阜県議会史（第一巻）』を参考に作成

第１回帝国議会衆議院議員選挙の当選者

・1890（明治23）年７月

所属郡名（明治22年の選挙法による岐阜県選挙区）	当選者
厚見郡・方県郡・各務郡	天野若園（厚見郡岩下）
不破郡・安八郡	清水粲蔵（安八郡和合）
海西郡・下石津郡・多芸郡・羽栗郡・中島郡	吉田耕平（下石津郡高須）
大野郡・池田郡・本巣郡・席田郡・山県郡	矢野才治郎（大野郡唐栗）
武儀郡・郡上郡	長尾四郎右衛門（武儀郡沙田）
加茂郡・可児郡・土岐郡・恵那郡	**林小一郎（加茂郡太田）**
大野郡・益田郡・吉城郡	中村信夫（吉城郡古川）

『岐阜県史（通史編・近代）』を参考に作成

電力事業の振興に奔走

学校への寄付や企業誘致を行い郷土を愛する

起業家　兼松　凞　坂祝町

兼松　凞

明治の夜明けと共に近代産業国家を目指した日本は、日露戦争の勝利で軽工業から重工業へと発展し、エネルギーの安定確保を模索した。そんな中、電力王といわれる福沢桃介らと共に、電源開発に携わり、産業の振興に奔走したのが兼松凞《かねまつひろし》である。

凞は、1860（万延元）年、加茂郡酒倉村（現坂祝《さかほぎ》町）の兼松勝助の次男として生まれた。兼松家は、大地主で立派な屋敷を構えていた。父は、教育熱心で凞が小学校を卒業すると、東京専修学校（現専修大学）の通信教育を受けさせたり、地元の知識人から、論語、日本外史、孟子等を学ばせたりした。

父の期待に応え勉学に励んだ凞は、20歳で酒倉村の村長になり、2年後には加茂郡役所書記となり、地元の役所の職員として力量を発揮した。

平瀬発電所にある顕彰碑

95（明治28）年、曽我部岐阜県知事の斡旋《あっせん》で内務省に転職した。その後、39歳で佐賀県庁へ転出し知事の片腕として県政郡治改革に辣腕《らつわん》をふるった。そして1903（明治36）年、佐賀県において衆議院議員に当選し、官界から政界へと進出した。さらに翌年には、岐阜県から立候補して当選した。

この年に日露戦争が勃発し、対露同志会を組織して、桂内閣を助けて国論の奮起を説き全国を遊説すると同時に、木曽川筋の八百津地内に水力発電所の創設を構想し始めた。当時日本における一万キロワット以上の経営計画は、木曽川と宇治川電気と鬼怒川電気の3社のみであった。

06（明治39）年、名古屋電力を創設し、八百津発電所の建設を開始した。しかし、建設途中に、水路工事が難航し工事費がふくらみ、さらに不況のあおりを受けて資金難に陥った。そこで、10（明治43）年、福沢桃介の支援で名古屋電灯と合併し、翌年に八百津発電所は完成した。

21（大正10）年、再び福沢の支援を受け、濃飛電気を設立した。同電気は、根尾川上流に根尾発電所を建設し、4年後にはその姉妹会社として、大白川電力株式会社を設立し社長に就任した。26（大正15）年、庄川水系初の発電所として、奥深い谷を拓《ひら》き大白川ダムを建設し、平瀬発電所（1万1千キロワット）を建設した。建設費は1キロワットあたり３００円という、全国的にも比類ない安さで完成させた。発電所には「国益ヲ開キ産業ニ資スル所ノ事功ト英断之ヲ開発シテ沿流起業ノ先駆ヲナシタ」と、功績を記す立派な碑が建てられた。

豊和工業にある像

29（昭和４）年、電気事業の引退後、経営危機に陥っていた豊田式織機（現豊和工業）の社長への就任を要請された。熈は陣頭に立って再建に乗り出し、10年間で見事成功させた。工場には同社中興の祖として胸像が建てられた。休む間もなく活躍し続けた熈は、全ての事業から引退し、52（昭和27）年、名古屋で92歳で亡くなった。

熈は、官界から政界へと進出し、その後実業界に身を転じ、福沢らと共に中部の財界で存分に活躍した。一方、生まれ育った地元の小学校に多額の寄付を行った。学校では、まだ給食の制度が十分整っていなかった時代で、その利息を使って食材を調達し、子どもたちに味噌汁《みそしる》を食べさせた。また、郷里の繁栄のために会社を設立する等、古里を愛する心を持ち続けた。墓は後に長男によって長蔵寺（坂祝町）に建てられ、今も坂祝を見守り続けている。

（平成27年5月29日掲載　後藤章）

電源開発の礎を築く

八百津発電所　生みの親

実業家　福沢桃介　八百津町

今から約100年前、木曽川の流れをみごとに活用した人物がいた。大同電力（現関西電力）の社長として木曽川を開発した福沢桃介《ふくざわももすけ》である。

全国に電力網がはりめぐらされた今日の電力産業の基盤が築かれるのは大正末期である。桃介は電源開発とともに長距離送電体制を築くことにも業績を残している。

福沢桃介
関西電力提供

1868（慶応4）年、桃介は武蔵国横見郡荒子村（現埼玉県吉見町）の貧しい農家・岩崎紀一の次男として生まれた。6歳の時、母サダの本家のある川越（現川越市）に転居した。父の紀一は提灯屋《ちょうちん》を営むが失敗し生計は貧しさを極めた。桃介は裸足《はだし》で学校に通ったが、町では神童としても有名であった。

親族の支援もあり、16歳の時、桃介は上京し、福沢諭吉が主宰する慶応義塾に入学した。塾の運動会では、その美男・長身とアイデアを凝らしたライオンのシャツが大いに目立ち、来賓で来ていた諭吉の妻、錦の目に留まり、諭吉の次女、房の婿養子候補となった。

87（明治20）年、福沢の姓を継いで入籍した直後、アメリカへ留学し見聞を広めた。2年後帰国し、房との結婚式を挙げ、諭吉の口添えによって北海道の開拓や産業振興のために設立された北海道炭鉱鉄道に就職した。

その後、幾多の企業経験や株取引を経て、桃介が情熱を燃やしたのが木曽川の電源開発であった。

桃介は「一河川一会社主義」を唱え、起伏に富む木曽川流域のそれぞれの適地に応じた発電所を建設し、河水の有効利用を図った。

中でも1911（明治44）年、上流の恵那市に取水口を設け、9・7キロメートルに及ぶ水路を持つ、わが国最初の大規模な水路式発電所「木曽川第一発電所」（八百津発電所）こそ、桃介が手がけた最初のものであった。

その建設には多くの困難があった。通水試験の際には一部が崩壊し、多額の修理費用が必要になった。また、発電機の水車の回転速度が急激に増加し、停止させようとしたその時、大音響とともに水車が破裂し死亡者を出す事故も起こった。

この発電所は木曽川の洪水を避けるため、水車と発電機が置かれている床面を予想される洪水面より高い所に設置していた。そのため、放水口と水面との間に約7メートルの落差があった。この落差を利用し、17（大正６）年には放水口発電所が建設された。ここでは発電機を真ん中にして、左右に4台ずつ、合計8台のフランシス水車（米国モルガン・スミス社製）を横軸でつなげた類例のない連成水車（日立製作所製）を考案し採用した。

旧八百津発電所（現資料館）　八百津町教育委員会提供

一方、日本で初めての国産鉄塔（川崎造船所製）を使用し、発電した電力を明治期における最高電圧の66キロボルトで、名古屋までの43・4キロメートルを送電した。

旧八百津発電所（現資料館）　八百津町教育委員会提供

38（昭和13）年、桃介が亡くなった後も、八百津発電所では導入した外国の発電機器を改良したり、置き換えたりして発電効率を高める努力を続け、歴史的に貴重な歩みを残した。

この建物をはじめ、主な機器は旧八百津発電所資料館（1998年に国重要文化財指定）として、電力王桃介の名とともに現在も大切に保存されている。

（平成23年10月28日掲載　藤田佳一）

県考古学の道を開く

民俗学研究にも情熱注ぐ

考古学者　林　魁一　美濃加茂市

中山道の宿場町として栄えた美濃加茂市太田町は、今も往時の風情を町並みに残す。林魁一《はやしかいいち》は、その太田宿脇本陣《わきほんじん》の家で、後の国会議員林小一郎《はやしこいちろう》の長男として１８７５（明治８）年に生まれた。

20歳になった魁一は、岐阜県尋常中学校（現岐阜高校）を卒業後、目の治療で入院する弟に付き添って上京、偶然にも東京帝大（現東京大学）で考古学や人類学を研究する坪井正五郎《つぼいしょうごろう》と出会い、知遇を受けた。魁一は坪井から遺跡の調査を頼まれ、帰郷後に中濃、東濃地域などを調べ、考古学研究に邁進《まいしん》する

林　魁一

林魁一の生家　太田宿脇本陣

ことになる。

１８９８年、23歳で魁一は最初の論文となる「美濃国加茂郡石器時代遺跡」を発表し、以後二百ともいわれる論文を世に送り出した。１９３４（昭和９）年には、59歳で「美濃国弥生式土器図集」を発表。そこで紹介された57点の弥生土器は、東京考古学会が編集する図録の美濃地方における基本資料として認められた。

また、民俗学にも関心を示し、その道の大家柳田国男《やなぎだくにお》が林家を訪れるなど交流があった。柳田は『一目小僧その他』の中で、美濃加茂郡太田町の五月五日に粽《ちまき》を作ってはならぬという風習を紹介し「これは林魁一君の報告…」と記している。

１９３５（昭和10）年、60歳で岐阜県議会議員に当選して4年間務めた。これは周りに推されたためで、魁一の思いは常に考古学にあった。長男の由是《よしなお》は「写真機と三脚を担いで各地を踏査し、現像も自分で行い、客人があれば出土品を見せて熱心に説明していた」と、父の思い出を語っている。その資料は、南山大学に寄贈され、考古学研究に生かされている。

戦後、魁一は夫人に体を支えられながらも学会に参加し、その探求心はうせることはなかった。そういう老学者に、著名な学者たちも尊敬の念を抱いて接したという。

その後、岐阜タイムス社（現岐阜新聞社）から岐阜タイムス賞文化賞を受け、１９６１（昭和36）年に86年の生涯を閉じた。魁一は地方名望家に生まれたため推されて政治にもかかわったが、生涯を貫いたものは学問への情熱であった。そして魁一が残した遺産は、今も岐阜県考古学の礎となっている。

（平成20年10月24日掲載　髙木和泉）

働く女性の先駆けに

「ベビーブック」を編集

文筆家　海老きぬ（衣子《きぬこ》）　可児市

子どもの成長が記録できて随所に育児アドバイスもある、まさに母子手帳の先駆けとなる『ベビーブック』は、可児郡久々利《くくり》村（現可児市）に生まれた海老《えび》きぬによって出版された。

海老家は、江戸時代より木曽福島の領主山村氏が治める久々利村所領の役人を代々務めた武家であった。きぬは1901（明治34）年に当家で生まれた。

海老きぬ
『可児市近・現代年表』所収

その旧家の名を決して汚さないという思いから、きぬは向学心を燃やし続け、名古屋の椙《すぎ》山《やま》高等女学校、その後、単身上京して日本女子大学に学んだ。父五郎宛ての手紙に「友からの借金」もあるが「学校を続ける覚悟」と伝えている。これは厳しい家計の中でも、旧家の子女として高い教養を身につけた一女性として自立しようとする決意の言葉でもあった。

大正期は、女性もタイピストや電話交換手などの職種に進出し、いわゆる職業婦人が現れた時代であった。そんな風潮のなか、23歳になったきぬは、卒業後も「私をほんとうに勉強させてくれるところ」と東

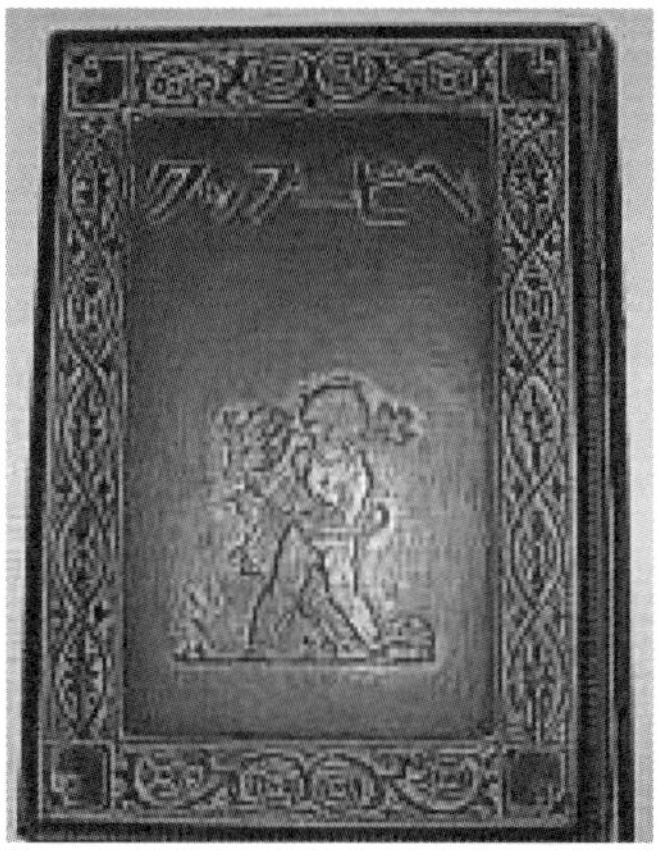

『ベビーブック』表紙と内容ページ　可児郷土歴史館提供

京で生きる意志を父に伝え、婦人之友社に入り雑誌『婦人之友』の編集に携わった。その2年後には春秋社に移り、漢和辞典の編さんに関わるなど、出版界で文筆の才能を磨いていった。

29（昭和4）年、ついに生涯最後の職場となる実業之日本社の正社員となり、『婦人世界』の編集に加わった。この頃、多忙を極め、父母への手紙に「夜の10時です。すっかりつかれてお手紙も拝見する勇気もない」と嘆きながらも、「腕一本で働けるだけ働いて、あとは天にまかせます」と壮絶な生きざまを伝えている。

『少女の友』（実業之日本社）　可児郷土歴史館提供

そんなきぬは、30歳の若さで雑誌『少女の友』の編集長（主筆の下に置かれた副的ポスト）になった。ロマンチックなイラストや小説、流行のファッションなどを発信して少女に夢を与えた。また「編集者は文学者であれ」が社のモットー、「江美ころも」「AB子」のユーモラスな筆名を使い作家としても活躍した。

そして33年、彼女の代表作『ベビーブック』を世に出した。しかし、脂の乗り始めた仕事とは裏腹に、「パンの道ほど深刻な不安はない」との嘆きを父に伝えている。家族への仕送りなど生活のために体にむち打ち仕事に没頭したきぬは、36年に腎臓病が悪化して35歳で亡くなった。

きぬは「結婚ほど大切なものはございません」との思いを手紙に書いたことがあるが、自らはしなかった。しかし、心の中で夢見て育てた結婚や育児の理想像は『ベビーブック』に具現化され、子育てに奮闘する多くの親に勇気や希望を与え続けた。そして女性の社会進出の先駆者でもあったきぬの人生はその書とともに、今を生きる女性たちに大きな力を与えている。

（平成23年12月23日掲載　髙木和泉）

中京圏との直結に力

鋭い先見性、発展へ導く

民政家　酒井利道　関市

酒井《さかい》利道《としみち》をしのぶ寄稿集「腹八分」で尾藤義昭（前関市長）は「誰よりも早く南進政策・中京圏との直結を標榜《ひょうぼう》され、21世紀を目指した先見性は鋭く、関工業団地をはじめ岩坂トンネル、東海北陸自動車道、南部丘陵開発等々その功績はまことに大きい」と、敬慕の念を込めて述べている。

利道は、1906（明治39）年、旧加茂郡田原村下迫間の農家に生まれ、武儀実業学校を卒業して農業に従事した。

酒井利道

勤勉で努力家であった利道は昼間の農作業で疲れた体にむち打ち、寝る間も惜しんであらゆる書物を読みあさり、広範な知識を身に付けた。

ブラジルを親善訪問した酒井利道

やがて田原村青年団長になると有志らと図り、迫間《はさま》不動で夏期大学を開講した。講師陣は著名な学者や作家らそうそうたるメンバーで、団員はもとより一般受講生にも好評を博した。これは利道の熱意と行動力によるものであった。

28（昭和3）年、倉知村の安田静江と結婚、良き理解者を得た利道はますます農業や地域振興への情熱を高めた。

49（昭和24）年、甘藷《かんしょ》の需要拡大を図るため、間宮成吉らと田原澱粉工業を設立、地元はもとより近隣町村からも余剰甘藷を引き受け、農家から喜ばれた。

地域のリーダーとしての利道は村長らとともに、家事をも顧みず各地区を回り「地域振興のためには、関町周辺の町村が大同合併して『関市』を誕生させなければならない」と住民に訴え、50年、関市制施行が実現した。

そして利道は施行後初の市議会議員選挙に立候補して当選、以後10期40年間、市会議員として関市の発展に多大な足跡を残した。

中でも中京圏との関係強化を図るため、関—江南線道路の建設促進に力を注いだ。

69（昭和44）年、愛岐大橋の完成によって待望の関—江南線が全線開通した。これにより中濃地域と名古屋港、中京圏が直結、関市や中濃地域の産業文化の発展につながった。

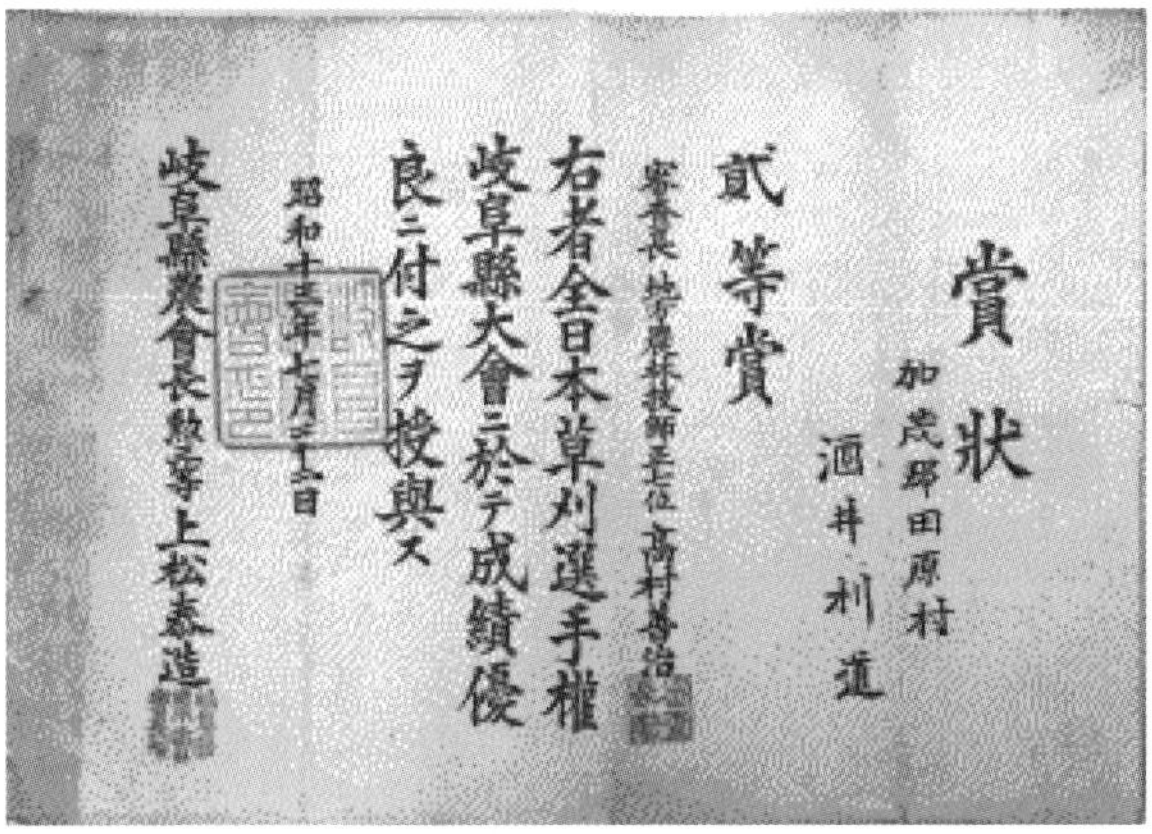
賞状

加茂郡田原村

酒井利道

貳等賞

右者全日本草刈選手権岐阜縣大會ニ於テ成績優良ニ付之ヲ授與ス

岐阜縣農會長 上松泰造

全日本草刈選手権の賞状

また土地開発公社理事だった利道は、歴代の市長らと図り、市南部の丘陵地を文教地区として開発することを提唱し、現在の関市立関商工高等学校、県立ひまわりの丘、関特別支援学校、中部学院大学・短期大学部、中日本航空専門学校、桜ケ丘中学校等々の学校群や、市民の憩いの場である百年公園・岐阜県博物館、またゴルフ場など一連の事業にも尽力した。

利道はいつも青年のように郷土発展の夢を追い続け、みんなに惜しまれ91（平成３）年に死去した。

そして関市も平成22年市制施行60年を迎える。

・写真はすべて酒井家提供

（平成22年4月23日掲載　小川釟子）

ひるがの開拓を詠む

困難を短歌で乗り越える

歌人　福手きぬ　郡上市

福手きぬ

《狐のみ棲《す》むといわれて踏み入りし未開の原野に今吾《われ》は立つ》

この未開の原野とは、県有数の高原リゾートで、高地農業の盛んな郡上市の「ひるがの高原」のことである。

冒頭の短歌は、1943（昭和18）年、ここに開墾に入った福手豊丸の妻きぬが詠んだものである。

きぬは21（大正10）年、郡上郡弥富村（現郡上市大和町）万場に生まれた。弥富小学校高等科を卒業後、日本毛織岐阜工場に就職、働きながら社営女学校を卒業した。その後、独学で教員免許を取得し、教員に採用されるのを機に退職、郡上郡八幡町立相生《あいおい》小学校那比《なび》分校に勤務した。43年、相生小学校本校に勤務していた豊丸と結婚した。

同時に2人は、満蒙開拓による郡上振興を目的の凌霜塾《りょうそう》に教員を退職して入塾、蛭《ひる》ケ野を拓《ひら》き、塾の研修場所とする大日道場を任された。

ひるがの開墾に奉仕する当時の岐阜県郡上農林学校（現岐阜県立郡上高等学校）昭和16年
福手豊丸氏提供

戦後、凌霜塾は解散されたが46年、蛭ケ野へ復員兵、戦災者、満州の引揚者等100世帯近くが入植、新しく大日開拓団が結成された。豊丸は開拓団の事務責任者となり、きぬも開墾作業に従事した。

《種蒔《ま》きて青く芽ぐめどいつの間にか跡方もなし物育たぬ土》

ヒルがすむ野と言われた湿原や山林をいくら開墾しても作物は育たず、豪雪と食糧難が容赦なくきぬたちを襲った。

また、入植に反対する地元民の対応や電気導入などは資金難で遅々として進まなかった。

開拓の苦難と責任の重さに耐えかねた豊丸が、「もうやめて帰ろまいか」ときぬにつぶやいたことがあった。するときぬは「私は貴方《あなた》よりも、この蛭ケ野が好きで来たのです。いやなら貴方一人で帰ってください」と一蹴した。

「ここに明るい村をつくるんや」と語る豊丸の理想と広い未開の原野に魅力を感じて結婚を決めたきぬは、苦労を前向きに捉える伴侶《はんりょ》として、豊丸を一心に支えた。

そんなきぬは結婚前から心酔する宮沢賢治の短歌や詩「春」「開墾」に憧れていた。そして、冷害や飢饉と闘う東北の農民を著した賢治の作品と生き方に自分を重ね、その思いの丈を短歌に詠んだ。

85（昭和60）年、きぬは県芸術文化奨励賞を受賞するきっかけとなった自身の歌集「ひるが野」（84年発刊）の中で語る。

「激しい労働に疲れ果てて泥のように眠った夜中に、ふと目をあいて短歌を書きつけると、何ともいえない安堵《あんど》感の中で深い眠りにつけました。こうして私は、その時、その時を短歌に救われ、短歌は私を助けてくれました」

家事や農作業時に片時も忘れず鉛筆と紙切れを携帯、歌が浮かぶとメモし、夜には愛用の短歌ノートに書き写した。ノートは15冊残り、細かい字でびっしり書き込まれている。

さらにきぬは、48（昭和23）年に大日婦人会を結成し、52年からは婦人会機関誌「りんどう」をガリ版刷りで発行、毎年1号ずつ43年間発行し続けた。「どんなに忙しくても、どんなに生活に打ちひしがれても、読み書きだけは忘れたくない…」と綴《つづ》っている。

2006（平成18）年冬、きぬは86歳でその生涯を閉じる。その年の春、あまり外出しなくなっていたが分水嶺公園に出かけた。

《太平洋と日本海とに跨《また》ぎ立つ分水嶺に登り来て棲む》

これが辞世の歌となった。

来春、ひるがのに「たかす開拓記念館」の開館が予定されている。蛭ケ野開拓の厳しさや困難に、短歌を通してたくましく向き合ったきぬの生きざまから学ぶことは多く、郡上の開拓に生涯をかけた人々の凌霜の精神を伝える施設となるであろう。


（平成27年11月27日掲載　熊﨑康文）

左より『りんどう』創刊号、10周年記念号、第20号記念号
「たかす開拓記念館」所蔵

独創性に満ちた技術

世界が認める超精密研削盤開発

起業家　長瀬　登　関市武芸川町

天文台の望遠鏡レンズをナノメートル単位の精度で加工する研削機械を開発した、世界が認める会社が関市武芸川町にある。長瀬登《ながせのぼる》が1台の旋盤から起業したナガセインテグレックスである。

長瀬　登

　1924（大正13）年に武儀郡上之保村（現関市上之保）で生まれた長瀬は、尋常小学校高等科を終えると、岐阜市の鉄工所へ奉公に出た。そして戦時色が濃くなった41（昭和16）年、一念発起して名古屋陸軍造兵廠《ぞうへいしょう》千種製作所へ入所した。年功序列の職場であったが、仕事では負けるものかと奮起した。旋盤工の経験を生かして創意工夫を凝らし、他の人が製品1個を仕上げる間に5個を仕上げた。給料も鉄工所時代の3倍に上がり、認められれば相応の評価が得られることを知り、一層技術に磨きをかけた。

　45年、造兵廠技能者養成所を卒業すると、広島の大竹海兵団に入団した。終戦を迎えて復員した長瀬は、国鉄岐阜駅でかつて勤めた鉄工所の縁者と奇遇の再会をし、翌年再就職した。

　50年、長瀬の技術力を聞きつけ、織機部品試作の話が舞い込んだ。部品加工を旧知に頼み、妻の実家の軒先で6台を組み立て、6万円で納入した。これを機に旋盤1台を購入し、岐阜市菊地町で「長瀬鉄工所」が産声を上げた。折

現在のナガセインテグレックス本社・工場（関市武芸川町）

からの特需で仕事はまずまずあり、就職を希望する者を断るのに苦労するほどであった。

日本が高度経済成長に向かい始めた58（昭和33）年、長瀬鉄工所は念願の株式会社となった。そして、翌年春に岐阜市神楽町に鉄骨スレート造りの工場４棟を建設したが、その年９月の伊勢湾台風でのこぎり型の屋根が飛んだ。だが、持ち前の負けん気で翌年には鉄筋コンクリート４階建ての工場を新設した。長瀬は設備投資を惜しまなかった。投資を生かすも殺すも、先々を見通す力と直面する状況を的確に判断して創意工夫する姿勢に尽きる、と信じていたからである。68年に武芸川工場を建設したのも、近く訪れるモータリゼーション時代の先読みであった。

ドルショックからオイルショックに至る数年間は創業以来の苦境期であったが、その技術力と創造性でピンチをチャンスに変えた。当時、回転体の不釣り合いの修正は回転を止めて行われていたが、精度維持が難しかった。他社と同じことをしていては発展性がないと考えていた長瀬は、独創的な改良を加え、回転を止めずに髪の毛の５千分の１の単位で回転体の不釣り合いを自動除去する「バランスドクター」を考案し、後の超精密研削盤開発の礎をつくった。また、頼まれれば技術者魂を燃やして何でも造った。回転寿司屋のテーブルにある給湯器や自動皿洗い機などは長瀬鉄工所独自の製品である。

91（平成３）年、社名をナガセインテグレックスに変更して次世代に照準を合わせ、98年、「経営とはその時代の中心にいる人たちが担うべき」と経営の第一線を退いた。

63（昭和38）年から苦楽をともにしてきた現最高顧問の下村哲行は「夏は一番暑い所、冬は一番寒い所で辛抱せよ。重い物は自分が持ち、おいしい物は人様にと心がけよ。目上の人の言うことをよく聞き、一生懸命働いて、他人様にかわいがられよと、14歳で奉公に出る日に諭した母親の教えが、常に長瀬の生き方の原点になっていた」と語る。

２０１０（平成22）年、長瀬は86年の生涯を閉じた。激動の時代を持ち前の独創性と柔軟性で駆け抜けた起業家人生であった。そのベンチャー（起業家）精神は今、次代を担う多くの若きエンジニアや企業人たちを育てている。

（平成25年９月27日掲載　村井義史）

農山林の村を活性化

新規事業開発に手腕

明方村長　高田三郎　郡上市

「高鷲には観光の芽があったが、明宝は農山林の地。その村おこしをやった高田さんの功績は本当に大きい」高鷲の裕《はざま》孝司（郡上市初代市長）は、同じ時期に旧郡上郡の村長として手腕を振るった高田三郎《たかださぶろう》を懐かしみ、こう語った。

三郎は1926（大正15）年、郡上郡奥明方村《みょうがた》（現郡上市明宝）の気良《けら》に、高田晴之進《せいのしん》（後の奥明方村長）の四男として生まれた。三郎は地元の学校を出た後八幡の郡上農林学校で学んだ。

高田三郎

学生時代の三郎は手のつけられない暴れん坊で、先頭に立って上級生や他校の生徒と喧嘩をしていた。負けて逃げ込んだ銭湯では親戚を呼んで支払いを任せ、自分は仲間と湯につかっていたという。

学校を出た三郎は開拓団に加わって渡った満州で終戦を迎え、生家に戻って農業を継いだ。生計を立てるために椎《しい》茸《たけ》栽培やあまごの養殖にも取り組んだ。

三郎は巧みな話術で人を惹き付けた。また、人の話に耳を傾け、そこから自分の発想を膨らますことにも長《た》けていた。三郎の家には夜更けまで人の出入りが絶えず、「その賄《まかな》いを兼ねて私が店を始めたほどやった。本当によう人が来とくれたもんや」と妻の満子は当時を振り返る。

三郎が村長に当選したのは85（昭和60）年、59歳の時である。高度経済成長のうねりにのまれ、小さな町村がどう生き残るのか、どこも模索していた頃である。

明方村（奥明方から村名変更）の村長となった三郎は、特産物加工会社、スキー場開発会社、温泉開発会社を設立し、道の駅を作った。音楽祭を始めたのも三郎である。第三セクター方式を多用して政策を次々と展開し、92（平成4）年には村名を明宝《めいほう》に変えた。

三郎は企画した事業の必要性を国や県を回って訴え、補助金を求めて頭を下げた。また、住友や名鉄などの大企業とも渡り合った。

三郎の村政を助役として支えた高田親昌《みよし》は「乏しい村費を国や企業の資金力で補って事業を進めた。今でこそ認めてもらえる時もあるが、当時は反対が多く本当に苦しく厳しい決断を迫られた」と語る。温泉が出るまでの2年間、願をかけて一滴も酒を口にしなかったという逸話が残るほど、三郎の村政に対する思い入れは強かった。

明宝特産物加工株式会社はヒット商品明宝ハムを生み、地域で働く3分の1がハム関係者と言われるほど大きな雇用を生み出した。「ハムはこの村の象徴であり食肉加工がなくなればこの村のアイデンティティは無いと村長は考え、村民がそれに支持を与えた」と研究者が論文に記すほどこの事業は高い評価を得た。

かつては年間観光客が2万人程度であった明宝に、100万人を超える人々が訪れるようになったのは、三郎が68歳の生涯を閉じた後であった。

（平成22年6月25日掲載　小野木卓）

郡上農林学校時代の高田三郎　高田家提供

地域の主要産業となった明宝特産物加工株式会社

検診事業の先駆け

臨床検査センターを設立

起業家　三浦倉吉　美濃加茂市

三浦倉吉

現在、学校や企業における検診事業が充実している。その礎となる臨床検査センターを個人で設立したのが三浦《みうら》倉《くら》吉《きち》である。

倉吉は、1928（昭和3）年に岩手県大槌《おおつち》町に生まれた。生家は東日本大震災で津波にのまれた。苦労を重ねて盛岡師範学校（現岩手大学教育学部）に進んだが、結核が判明して中退を余儀なくされた。上京して清瀬《きよせ》診療所で肋《ろっ》骨《こっ》7本と片肺を切除して回復したが、医師から長く生きられないと告げられた。

療養中、臨床検査の仕事にふれた倉吉は、退院して同診療所で臨床検査技師の資格を取得すると、東京都の大同病院に勤務し、その技術を高めた。そして52年、同病院の看護師小夜子《さよこ》と結婚した。

66年、川崎病研究の権威である黒岩翠《くろいわみどり》医師が故郷岐阜に帰り、美濃加茂市で開業した。かつて一緒に病院勤務した黒岩は、高い検査技術をもち、検診事業を興したいと願っていた倉吉を呼び寄せ、支援を行った。

倉吉自身も資金援助を求めて近隣の市町村や、東濃や飛騨の開業医を回った。正確で迅速な臨床検査を求める多くの医師たちの理解を得て1967（昭和42）年、同市太田町本町に美濃加茂臨床検査センターを設立した。市から借りた建物の6畳ほどの事務所にわずかな検査機器と、倉吉夫婦と従業員2人でのスタートであったが、個人の検査センターとしては全国の先駆けであった。

「50ccバイクで検体を集めて回りました。現在のような高度な検査機器はなく、顕微鏡をのぞきながら血液中の赤血球を数えるなど、全てが手作業でした。また、注射器の煮沸殺菌や注射針の研磨も行いました」と小夜子は振り返り、「寝るのを惜しんで専門書を読みふける人でした。自分がやりたいと思ったことは絶対にやり遂げる倉吉にずっと付いてきました」と語る。

臨床検査の必要性が増して少しずつ事業が拡大していき、４年後にセンターを同市西町へ移転すると、検査技師の人員も増えた。

80年代になると、センターは県内外の児童生徒の心電図検査を依託され、大きな評価を受けるようになった。また、全国２番目となるデジタルマンモグラフィー検診バスなど、先進技術も導入した。倉吉は、国際医学総合技術学院の客員教授や岐阜県日本衛生協会長の要職を担ったが、医学水準の著しい発達と医療費の削減の中で経営は困難を極めた。

その後、保健法が改正されて地域医療の需要が一層高まり、経営が次第に好転し始めた95年、倉吉は他界した。後を継いだ長男丈志《たけし》は倉吉と構想していた医師会傘下からの独立に東奔西走したが、97年、39歳で急逝し、その夢はかなわなかった。

地域医療時代の到来を見据え、倉吉が情熱を傾け続けた臨床検査センターは、２００９（平成21）年に独立して一般財団法人総合保健センターとなった。現在、各種検診車15台を所持し、正職員80人の企業として、県内外の検診事業の重要な役割を担っている。

（平成23年11月25日掲載　村井義史）

嫌気性菌研究で功績

医学の道、一生ささげる

細菌学者　上野一恵　関市

破傷風の治療方法やペスト菌を発見した北里柴三郎、伝染病の予防法を開発したパスツールなどは、多くの人命に関わる研究であったために、歴史に大きく名を残した。しかし、症例として多くはないが、原因不明の病気として、日本では研究が遅れていた嫌気性菌分野に挑んだ男がいた。名前を上野《うえの》一恵《かずえ》という。

一恵は1929（昭和4）年、関市肥田瀬《ひたせ》に生まれた。50年3月に岐阜農林専門学校（現岐阜大学）卒業後、国立予防衛生研究所（現国立感染症研究所）に入所し、結核菌の感染と薬剤の治療効果について研究した。自らも感染し、片肺を失うが、一命は取り留めた。54年、岐阜県立医科大学（現岐阜大学）の助手として、さまざまな病気の原因となる細菌を培養し、それに効果のある抗生剤を突き止める研究に着手した。

東京で開かれた学会で恩師ファインゴールド博士（右）と同席する上野一恵
上野家提供

60年代になると、細菌の中でも、培養の難しい嫌気性菌の研究に没頭し、71年に小島三郎記念文化賞を受賞、助教授となり、アメリカの嫌気性菌分野の権威ファインゴールド博士に師事した。78年に教授となり、93年に退官、名誉教授となった。

その間、虫垂が破裂した際に、これまでの抗生剤が効果を発揮しない原因を、もともと体内にいる嫌気性菌が、本来あるべきところではない場所で繁殖することにあると突き止め、嫌気性菌に対する抗生剤も投与する必要性を説いた。この考え方は、それまで治療が困難であった慢性の副鼻腔炎や中耳炎、婦人科の病気にも応用できることを啓発した。

また、一恵が処方したＧＡＭ培地（嫌気性菌を培養するためのもの）は、世界中に広がるとともに、培養に使った容器は、「岐阜大式嫌気ジャー」として大学のシンボルになったという。

岐阜大学退官後は、関市にある岐阜医療技術短期大学（現岐阜医療科学大学）の学長に就任。就任後も、片肺での呼吸困難を酸素吸入で補いながら教壇に立ち続けた。講義中に倒れ、救急搬送されること幾度。病院で治療を受け帰宅するやいなや、再び大学に向かうという生活を続けた。

２００５（平成17）年９月16日、人生を全うする直前まで、入院中の病床でも医学雑誌を片時も離さなかった。亡くなる１カ月前、84歳となったファインゴールド博士がはるばるアメリカからお見舞いに来たことは、一恵の世界における功績の大きさを物語っている。

（平成23年６月24日掲載　横田稔）

第二章　夢見る

夢に生きる

志を持ち、夢見た世界の実現にチャレンジした人々
豊かで、温かいふるさとを夢見て、難事業に挑戦した人々

小松寺再興に尽力

民衆の心に信仰広める

僧侶　道林禅師　関市

平成24年のＮＨＫ大河ドラマの主人公「平清盛」の嫡男小松内大臣平重盛の庇護《ひご》を受けた小松《こまつ》寺が関市西田原にある。

この寺の繁栄も、室町・戦国時代を経て寺領を失い、寺も荒廃衰微した。

小松寺（関市）に残る道林禅師の座像

しかし、江戸時代に入り、社会が安定してくると小松寺の再興を願う声が高まった。

１６６１（寛文元）年、関市小屋名の臨川《りんせん》寺に入り、寺の再興を見事に進めている黄檗《おうばく》宗の傑僧潮音道海《ちょうおんどうかい》禅師の評判が伝わってきた。

そこで寺や村人は絶好の機会ととらえ、再興を懇願したところ、禅師は快諾された。そして弟子道林《どうりん》（後の道林禅師）をその任にあたらせた。

さて、道林と潮音との出会いは次のようであった。

潮音は19歳の時、江州（現在の滋賀県）の永源《えいげん》寺に登り、厳しい修行を重ね、めきめき頭角を現してきた。そこで住職は、まだ23歳の潮音を近くの神崎郡山上村（滋賀県）の臨川庵の庵主に命じた。この潮音の元に毎日、薪《まき》や水を届け、一心に説法を聞いて帰る老人がいた。この人こそ後の道林禅師である。

28歳も年長の道林であったが、ある日、潮音に「私は家が貧しくて学問することができず、今も文字は全く分からない。それでも修行をすれば仏の道を悟ることができますか？」と尋ねた。すると潮音は「臨済宗では、智や愚について問いません。また、富貴や貧賤《ひんせん》についても選びません。信じる者こそ悟りを得るのです」と答えた。

老人はこれを聞くと夢から覚めたように喜んで、さらに熱心に参禅するようになった。

その後、潮音禅師につき従い美濃に来て、小松寺の再興を担うこととなったのである。

数年後、寺は見事に再興された。これは潮音禅師の教化の力とともに、実直な人柄の道林禅師の人々への働きかけによるものであった。

ところで道林禅師は小松寺音頭（歳々節）の作者としても伝わっている。

「美濃の田原の小松寺様はサーコラ小松寺様は平重盛御建立…」で始まり、8番まで歌詞がある。田原の人々に今も、唄い踊り継がれている。

毎年、施餓鬼《せがき》の2週間前からJAめぐみの田原支店前に地域の老若男女が集まって練習し、お盆には寺で唄自慢の唄に合わせ踊られる。

寺に生まれ育った学僧ではなく、在家出身だからこそ民衆の気持ちがより理解でき、音頭とともに信仰を田原の人々の心に根付かせていけたのだと思われる。

道林禅師は潮音禅師から1673（延宝元）年に印可《いんか》を受けるが、高齢であったため京都宇治の黄檗山萬福寺《まんぷく》に登ることができず『黄檗宗鑑録』には法嗣として記録されていない。

しかし、潮音禅師の法嗣者名簿である『黒瀧嗣法』には筆頭に記録されている。これも民衆に溶け込み、人々の絆を作り上げていった道林禅師が潮音禅師にとっていかに大切な人物であったかを物語っている。


（平成25年1月25日掲載　黒野幸男）

常楽寺に三尊仏寄進

南部盛岡との交易で財

商人　金子宗三郎　関市

２０１０（平成22）年3月19日、国の文化審議会は、関市の常楽《じょうらく》寺「木造菩薩坐像」二体を国の重要文化財に答申した。そしてその後、官報で指定が公示された。

この二体の菩薩坐像は平安時代初期彫像の特徴が顕著であること、「浄土群像の奏楽菩薩あるいは供養菩薩の一部をなしていた」と考えられることなど、類例が少なく貴重な作例であると評価された。このように類例がまれで、多くが古都の大寺に残るに過ぎない古仏が、どうして関という地に残されたのだろう。

この謎に答える記録が『常楽開基徳雲和尚行業記』（常楽寺蔵）に残されている。この「行業記」には、１６９９（元禄12）年、「京都の『浄閑居士』が手に入れ、礼拝供養してきた三尊仏を兄徳雲浄祥和尚が開いた常楽寺へ寄進した」とある。この三尊仏の脇侍二体が本年度国の重文に指定されたのである。

さて、この寄進者浄閑（法名）こそ金子宗三郎《かねこそうざぶろう》である。宗三郎は、「関の孫六」で知られる金子家を中興した金子八郎兵衛（後の徳雲和尚）の末弟であるが、当時（江戸時代の初め）、金子家は刀鍛冶を休み商売を生業としていた。宗三郎も縁者の導きにより近江（滋賀県）で商いを始め、南部盛岡（岩手県）との往復商売が繁盛した。その後、京都烏丸へ進出し、さらに大きな財をなした。

ところで、南部盛岡との交易ということから宗三郎は、近江商人の一派、高島商人として活躍したようである。高島商人とは、西近江の浅井家の家臣で京都へ出て商人化した人たちである。徳川の大坂城攻めに加わり南部藩の御用を務めた縁で盛岡の城下経営にも参画した。

従って、盛岡との商売や移住者が多かった。宗三郎の息子、七郎兵衛も南部に移り、「美濃屋」を開き、その子孫は勘定奉行元締役に就くなど南部領内の豪商の一つにもなっている。

83（天和3）年、弟（宗三郎）の助力もあり、商売を軌道に乗せた兄（八郎兵衛）は、家運を立て直すと息子孫六に家督を譲り、自らは剃髪《ていはつ》し「徳雲浄祥」となった。

そして89（元禄2）年発願して一ツ山町（現関市）に常楽庵を建立した。この庵の本尊清水十一面観音は、弟宗三郎が寄進した。

その後、息子孫六の働きかけもあり、やがて寺号免許が届き常楽寺となった。庵から、万古不易の寺となり、この時も宗三郎は、先に述べた三尊仏を息子たちの同意を得て、常楽寺に送ってきた。

そのため、清水十一面観音に代わり三尊仏が本尊となった。

このように兄の息子孫六と共に隠元禅師の新しい禅宗を根付かせようとした徳雲和尚の願いを成就させた最大の支援者は宗三郎であり、そのシンボルがまさに三尊仏である。

（平成23年1月28日掲載　黒野幸男）

金子宗三郎が寄進したとされる三尊仏
臨川寺所蔵

釈迦如来坐像（関市重要文化財）

菩薩坐像二体（国重要文化財）

変革夢みた倒幕の士

いちずな思い、手紙に残す

武士 西山謙之助 可児市

坂本竜馬が暗殺された1カ月後、倒幕の戦闘で被弾し、23歳の生涯を閉じた一青年がいた。可児郡久々利《くくり》村（現可児市久々利）出身の西山謙之助《にしやまけんのすけ》である。彼もまた竜馬のように、日本の変革を夢みた志士の一人であった。

西山謙之介

『久々利村誌』より

1845（弘化2）年、謙之助は侍医を勤める西山春成《はるなり》の次男として生まれた。やがて久々利藩主で旗本千村仲展《ちむらなかのり》の側役にもなったが、かねてより向学心強く、20歳になると念願の江戸での修行に出た。しかし、故郷の土を再び踏むことはできなかった。

西山謙之助の生家跡

謙之助は、江戸三大道場の一つ斎藤道場で剣の修行に励んだが、平田国学に入門したころから尊皇攘夷《そんのうじょうい》思想へと傾斜していく。父あての手紙にも、吉田松陰の書を写したことや、兵庫開港に批判的であることなどを書くようになった。

67（慶応3）年10月14日、徳川慶喜将軍は政権を朝廷に返上（大政奉還）したが、あくまで倒幕を推進する薩摩藩（鹿児島）の西郷隆盛らは、後に偽官軍として処刑される相楽《さがら》総三《そうぞう》に命じて江戸の薩摩藩邸に浪士を集めさせていた。この薩邸《さってい》浪士隊の役割は、幕府を挑発する事件を起こすことであった。乗じた幕府が軍事行動を起こしたら、それを口実に幕府を攻撃する計画であった。謙之助はその浪士隊に入った。

薩邸浪士隊は江戸周辺の野州（栃木県）、甲州（山梨県）、相州（神奈川県）で倒幕の兵を挙げた。謙之助は、野州挙兵隊の幹部となり、同年11月25日に薩摩藩邸を出発した。同国出流山《いずるさん》千手院に到着し、自らが起案した倒幕への諭告を読み上げた。ところが軍資金が不足し、栃木陣屋に資金を調達する仲間の応援にかけつけ、同年12月11日に待ち構える幕府兵に狙撃された。

西山謙之助遺書
『郷土の明治維新展』
可児郷土歴史館より

謙之助は、同月9日の王政復古の大号令も知らずに、明治維新へと続く歴史の大波にのまれ散っていった。しかし、故郷久々利に多くの手紙を残した。中島勝国著『西山謙之助書簡集』によれば、家を出る不孝を母にわびながら「こころひとつに修行いたす」と、いちずな青年志士の心情が語られている。

その最後の手紙は、薩摩藩邸を出る直前に夜を徹して父母あてに書かれたもので、「生前拝顔の儀はかなわないであろう」と死を覚悟した遺書でもあった。手紙は可児市重要文化財に指定されている。そこには「尽忠報国の士列」に加わる誇りや、手紙を書こうにも「さきたつものは、なみだなりけり」と悲痛な心がつづられている。それは激動の時代を生きた若い志士たちの思いや心情を、謙之助が代弁して今に伝えているかのようである。

（平成22年5月28日掲載　髙木和泉）

地方相撲振興に尽力

現役時代大関　引退後、興行を統括

地方力士　戸田瀬川宇三郎　関市

明治の終わりごろ、中濃地域で開かれていた相撲大会で、大関として活躍していた力士がいる。しこ名《な》を戸田瀬川《とだせがわ》と称し、本名は岡田宇三郎《うさぶろう》である。

宇三郎は1872（明治5）年、山県郡《やまがたぐん》戸田村《とだむら》（現関市戸田）に生まれ、幼い時より相撲を好み、毎日のように近所の子どもたちと相撲を取って遊んだ。やがて、地元では彼に勝てる者がいなくなった。宇三郎が一躍世間で注目されるようになったのは、1906（明治39）年に岐阜市で行われた五カ国角力《すもう》等級定に出場し、三役結びに昇進したころからである。

翌年には、武儀、加茂、山県、郡上の相撲仲間と協力し、四郡連合角力協会を組織した。そして、この年の10月、上有知町（現美濃市）金毘羅神社境内で角力等級定を開催し、09（明治42）年に引退するまで、中濃地域の大関として活躍した。

四郡角力十秋記念碑（大正7年建立）

18（大正7）年に建立された「四郡角力十秋記念碑」（美濃市老人福祉センター前）には、この地域で活躍した30人余りの力士の名とともに西の正大関として戸田瀬川の名が刻まれている。

戸田の家を守っているひ孫の光彦は「曾祖父は、小柄ではあったが丸々としていた。近所の人の話では、愛嬌《あいきょう》のある相撲であったと聞いている。きっと、小柄な体を生かした素早い動きが身上であったのでは」と語っている。

宇三郎は、引退するとすぐ四郡角力協会の取締役となって相撲興行を統括し、中濃地域の相撲の発展に尽くした。20（大正9）年には、五カ国相撲の後見人となり、その後、頭取としても活躍した。彼がそこまで引き立てられたのは、彼の人柄や生き方が周りの人々に認められたことによると思われる。

彼の生き方を知る手掛かりとなる石碑が、29（昭和４）年、当時の関町長加茂悦平ら有志により建立され、善光寺山公園に残されている。石碑には「正義感・義侠心《ぎきょうしん》が強く、曲がったことの大嫌いな性格であった宇三郎が、土木請負業者として当時慣例となっていた通謀《つうぼう》入札（今で言う談合）を嫌い、誠意をもって入札工事を行い、町の発展に貢献した」と記されている。

晩年、戸田に戻った宇三郎は穏やかな日々を送り、59（昭和34）年、87歳でこの世を去った。

（平成21年4月24日　栗山守）

善光寺山公園に残る石碑

昭和４年に建立された石碑の前で親族との記念写真、写真中央が宇三郎
岡田光彦氏所蔵

ふる里との絆を糧に

関市とモジ市の交流に尽力

開拓者　足立小平治　関市

足立小平治

関市役所のエントランスホールに、姉妹都市ブラジルのモジ・ダス・クルーゼス市（以下モジ市）を紹介するコーナーがある。このモジ市は、今回のサッカーワールドカップブラジル代表ネイマールの出身地でもある。この両市の交流の先駆けとなったのが足立小平治《あだちこへいじ》である。

小平治は1890（明治23）年、武儀郡瀬尻《せじり》村小瀬（現関市）で農家の長男として生まれた。関農業実習学校卒業後は生家の農業を継いだ。農閑期には仲間たちと夜学を開くなど村のリーダーとなり、24歳にして瀬尻村村会議員に当選し12年間勤めた。

しかし、一方で、製粉業や運送業など手広く営んでいた事業がすべて失敗し、山林田畑を売り払っても借金だけが残った。

そこで南米ブラジルで再出発することを考えて母に相談すると、「お前も一人前の男なら、人様の情にすがって哀れな世を送るより、新しい土地で思い切り働いてみるがよい、母はお前を信じてついていく」と励まされ、一家でブラジル移民を決意した。

1931（昭和6）年、小平治は老母と妻と3人の子を連れて神戸港から移民船ハワイ丸に乗船。2カ月の航海を経てサントス港に入港し、ブラジルでの第一歩を踏み出した。

入植した農園では2500本ものコーヒーを2年間栽培することを義務づけられた。この労働はあまりに過酷で、ついに挫折して、一家はサンパウロに移住した。しかし、そこも家はわらぶき、壁はヤシの木の割壁で、冬は寒風が吹き込む環境で妻は病死した。嫁の死がショックだったのか、老母も床に就き翌年亡くなった。ブラジルに着いて2年で妻と母を失い悲嘆に暮れた。

しかし、日本をたつときの母の言葉を思い出し、何とか立て直そうと心機一転。サンパウロ近郊の興農園集団地に移転して、市街地の一角を借りて雑貨店を開いた。店は繁盛してある程度の蓄えもできた。そこで、それを元手にモジ市近郷の原始林を購入して綿作と米作を始めた。そこもまだ荒地だったが家族で必死に開拓した。そして、ブラジルでの借入金を完済することができた。

さらに、小平治はモジ市の隣町で養鯉場を始めた。食用として出荷するには1年ほどかかったが、イタリア系移民の鮮魚店と契約して、月に4トンも出荷するほど成功を収めた。

姉妹都市記念メダル　関市役所所蔵

36年、モジ市の2カ所の集団地で日本人会の設立を呼びかけ、初代会長になった。しかし、第2次大戦が始まると日本は敵国視され、日本語をしゃべると罰せられるなどの苦労もした。その後、購入していた土地に良い粘土が見つかり、れんがと瓦の工場を始めた。馬車に見本を積んで自ら営業に歩き、事業は軌道にのり生活は安定してきた。

かねてより開拓地に小学校がないことを気にかけていた小平治は、子どもたちの将来を考え、自費で校舎を建設してサンパウロ州政府に寄付するなど、多くの社会貢献を果たした。

モジ・ダス・クルーゼス市役所のプレート
2013年8月23日、尾関健治関市長の訪問を刻んでいる　関市役所所蔵

68年、ブラジル視察の折、モジ市を訪れた山本明岐阜県副知事に、小平治は故郷の関市とモジ市の姉妹都市提携の仲立ちを要望した。その願いが翌年5月、関市とモジ市の姉妹都市提携宣言となって花開いた。小平治は日本とブラジルの国際交流という大きな功績を残し、86歳で波瀾《はらん》万丈《じょう》の生涯を閉じた。

（平成26年9月26日掲載　小川釟子）

金属洋食器を世界へ

初代関商工会長務める

実業家　椎名　威
関市

2011（平成23）年、関商工会議所会館が改築され、2階の大会議室に歴代会頭の写真が掲げられた。その筆頭にあるのが1947（昭和22）年、関町（現関市）の商工業の発展を図るため、商工会（商工会議所の前身）の設立を呼びかけ、自ら初代商工会会長を務めた椎名威《しいなたけし》である。

威は1897（明治30）年、東京芝で生まれた。父は当時珍しい靴の製造販売をしていた。長じて慶応義塾普通部に入ったが、その父が亡くなったため、学費の安い東京高等工業学校に転学し、卒業して機械工具製造の園池製作所（現アマダホールディングス）に入社した。その後、ドイツへ2年間留学して鋼《はがね》の勉強をした。しかし、1923（大正12）年の関東大震災で家が焼け、やむなく会社へ復帰するが、典型的な江戸っ子気質《きしつ》で喧嘩《けんか》早く、上司と衝突してすぐ退社してしまった。

椎名　威

そんな時、東京で数々の事業に成功していた関町出身の事業家、林武平《ぶへい》に出会った。林は地元の関町でも関刃物株式会社という会社を興し、軍用ナイフや洋食器の製造に着手したが、業績が芳しくなく、テコ入れのため、鋼の知識があり、洋行帰りでセンスの良い威を事実上の経営者としてスカウトした。

関刃物株式会社の洋食器

威は一大決心して東京の家を引き払い、母と妹2人を連れて関へ来て、洋食器という見知らぬ世界へ飛び込み、失敗を重ねながら新製品の開発に取り組んだ。そして、世界に通用する洋食器を作るため有名な金属工芸作家河合寿成《としなり》を招請して、社員に日夜デザインや技術を学ばせたりした。やがて世界にも認められる見事な製品を社員と共に作り上げ、会社の経営を立て直していった。

さらに、昭和初期にも渡欧して市場調査や技術の研さんを重ね、高品質ステンレス鋼の導入や銀メッキ食器の製品化にも成功した。

そして、関刃物の製品は南洋や豪州、欧州へ大量に輸出されるようになり、威の羊印の洋食器は、外貨獲得に貢献した関の金属器の花形商品となった。

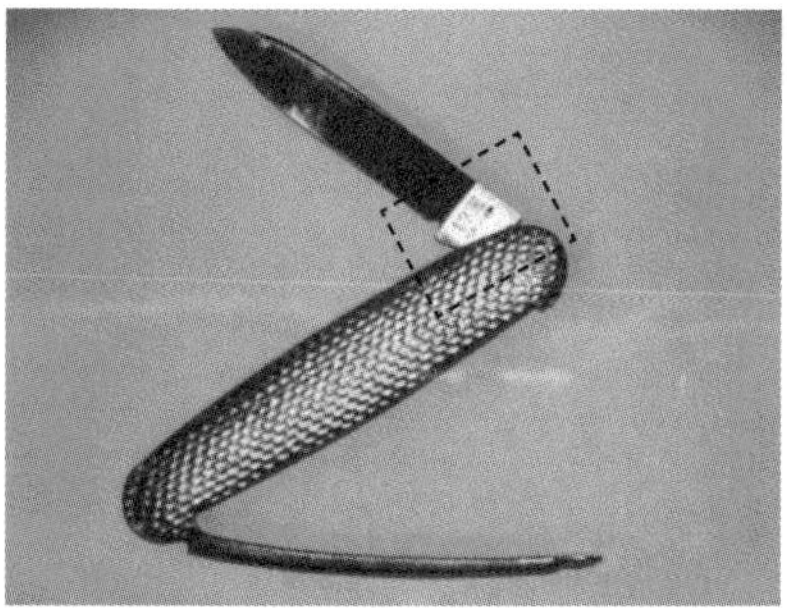

関刃物株式会社のポケットナイフ

関刃物株式会社シンボルマークの羊印（上写真部分）

こうして技術畑の人であった威は、実業家としても存在感を増していった。

1936（昭和11）年、関町が日独協会を設立したが、この発会式では威の流ちょうなドイツ語通訳で国際親善は大いに深められた。

文頭のように47年には関商工会長として関町の実業界のリーダーとなった。56年、天皇陛下の県下行幸の際、関刃物の工場も見学されたが、威は歯切れのよい東京弁や洗練された物腰で接遇し、誰にも好感を与え、「関に椎名あり」とたたえられた。会社でも人情味があったので、社員から「先生、先生」と呼ばれて慕われていた。

威は59年に人生を閉じたが、関で生まれた彼の息子椎名武雄は、慶応から米国の大学に留学し、卒業後、世界最先端のＩＴ企業ＩＢＭに入社。以来、日本ＩＢＭ社長や米国本社副社長などを歴任、父、威のベンチャー魂は脈々と受け継がれている。

（平成24年3月30日掲載　小川釵子）

オーボエ演奏広める

リード作り、国内で注目

音楽家　青山治一

関市

日本に交響楽団が育っていった時代に、オーボエの名手として活躍した青山《あおやま》治一《じいち》の生涯を関市の作家中村正夫の作品『流響』をベースにたどってみたい。

青山治一

1901（明治34）年に治一は、関市池尻の農家、岩吉の長男として生まれた。池尻は「小瀬鵜飼」で有名だが、清流長良川の景勝地の一つにもなっている。ところで22（大正11）年に電気が通るまでの池尻はランプに頼っていた。また、小学校の音楽と言えば笛や小太鼓をたたいている程度だった。しかし、治一は太い女竹で明笛《みんてき》を作るほど器用で、そのころから音感の素質も備わっていた。

19（大正8）年のある日、陸軍戸山軍楽隊員募集の新聞広告が目にとまった。元近衛《このえ》兵《へい》の父の勧めもあり応募し合格した。入隊後、音楽の基礎教育を受けていない治一にとって一番大変だったのは楽譜の勉強であった。「どんな楽譜でもすらすら読めるように勉強せよ。これができぬ者は放校である」と隊長から宣告され絶えず努力した。入隊半年後に全員の専攻楽器が無造作に決まった。治一は初めて見るオーボエに指名された。この日から治一の勉強が始まった。ところでオーボエの音色はリードの良否に左右されるが、このころリードは楽器店の舶来の既製品を使っていた。そんな中、治一はいろいろな素材でリードを作り始めた。今でこそリードを奏者が自分で作ることが常識になったが、元をたどれば治一が日本のリード作りの先駆者であった。

31（昭和6）年、オーボエと出合い研さんを積んだ軍楽隊を除隊し、新交響楽団（新響）に身を置くこととなった。ここではオーボエ奏者は少なく、貴重であったが、実力が伴わなければ身分は保障されない厳しさがあった。そんな中、36（昭和11）年欧米で活躍していた、ヨーゼフ・ローゼンシュトックが新響の常任指揮者に迎えられた。彼は、アマチュア気分の抜けない楽員を厳しく指導した。治一は、持ち前のくいさがっていくチャレンジ精神で努力を続けた。このため、治一をはじめ楽員の技量は大幅にアップした。42（昭和17）年、新響は日本交響楽団（日響）と改称され、戦後、ＮＨＫ交響楽団（Ｎ響）となるが、治一は、57（昭和32）年に退団するまで日本を代表するオーボエ奏者として活躍を続けた。

ところで、治一は戦後、日響に勤めながら週2回、国立《くにたち》音楽高等学校で器楽を教え始めた。この学校は、やがて国立音楽大学となり、彼は教授となった。さらに名誉教授の称号も授与されたが、30年近い期間に治一に師事した門下生は非常に多く、日本のオーボエ演奏の発展に多大な貢献をしたことは事実である。

退職後は故郷池尻に帰り、ついのすみかでオーボエを吹いたり、近隣の子どもや若者を相手に静かに過ごした。当時、音大生であったある女性は「超一流の音楽家とも知らず先生のオーボエに合わせ、何度もピアノを弾きました。そんな時、先生は『ピアノは楽しく弾くこと、いつもにっこり笑って』とおっしゃっていた」と思い出を語る。オーボエの音色でその道を極めた治一は、享年80歳で流響を聴きながら永い眠りについた。

（平成23年2月25日掲載　石崎文子）

名門早稲田の救世主

不屈の忍耐力で鍊磨

野球選手　河合君次　関市洞戸

「佑ちゃん」こと、早稲田大学の斎藤佑樹がいよいよプロ野球デビューした。さかのぼること90年、神宮の杜《もり》を沸かせた洞戸村出身の早稲田の野球選手がいた。彼の名は河《か》合君次《わいきみじ》である。

河合君次

君次は1903（明治36）年、父紋吉、母いとの子として洞戸村市場（現関市）に生まれた。山野を駆け回り元気者に育った君次は、小学校に赴任してきた中村保先生が結成した「不屈少年野球団」で野球の手ほどきを受けた。16（大正5）年、岐阜中学（現岐阜高校）へ進学し、始まって間もない全国中等学校野球選手権大会への出場を夢みて奮闘したが、愛知一中など愛知県勢に阻まれ苦杯をなめ続けた。

卒業後、洞戸に戻っていたが、叔父の神山五黄が大学野球の選手になることを勧めてくれ、22（大正11）年、早稲田大学へ入学した。さすが名門、野球部員が多く、外野でボール拾いに明け暮れた。そんなある日、監督が新入部員を集めてノックを始めた。その監督とは、「学生野球の父」と呼ばれた飛田穂洲《すいしゅう》である。新入部員は必死に球を追った。その中でいつまでも疲れを見せない小柄だが足腰の強い一人が監督の目に留まった。そこで、彼だけを残してノックを続けた。打っても打っても手を挙げて打ってくれと合図を続ける。ついに暗くなってしまった。この出来事が、君次の選手生活へのスタートとなった。

そして、2年生の春からレフトを守り、リーグ戦への出場を果たした。その後、守備はライトに定着し、3年生の秋のリーグ戦では、君次の打撃は爆発し、早稲田は全勝優勝した。26（大正15）年に東大がリーグに加わり東京六大学野球となったが、君次の活躍を象徴する試合は、翌年春の早明戦である。０対２とリードされ、９回裏２人走者を

大正初期の洞戸小野球部の集合写真

出したが、２アウトを迎え、前の試合の立教戦で２本塁打を放っている君次の打順となった。２エンド２まで追い込まれ、5球目を一振すると打球はレフトスタンドへ消えた。一瞬静まり返った大観衆のどよめきが嵐となった。君次が早稲田の救世主となった瞬間であった。

早稲田で存分に野球に打ち込んだ君次は、卒業後現役選手としてユニホームを着ることはなかった。

君次が再び野球界で話題になったのは、戦後、ブラジル「野球移民」に関わった時である。これは、日系企業の豊和工業が融和策として野球チームをつくり、ブラジルの全国大会に出場させるという試みで、君次は、募集企画や選手選考などを中心になって推進した。大会では初出場で準優勝し、ブラジル野球発展に貢献した。

また、君次は89歳で人生を閉じるまでの間、野球に取り組む若者たちに用具や食料などを贈ったり、技術指導をするなど支援を惜しまなかった。野球の発展、恩師飛田の野球道の究明こそ、君次が終生追い求めた課題であった。

・写真はすべて山下英二氏提供

（平成23年4月29日掲載　勝山樹由）

世界を駆けた経済人
ＩＭＦ理事などを歴任

国際的エコノミスト　鈴木源吾　　美濃加茂市

今年10月、国際通貨基金（ＩＭＦ）・世界銀行の総会が東京で開催された。日本が加盟して60年目にあたるという。この国連専門機関の理事となった日本人がいる。１９０４（明治37）年、加茂郡太田町（現美濃加茂市）に生まれた鈴木源吾《すずきげんご》その人である。

源吾は太田尋常小学校を卒業後、昼間は名古屋市立名古屋商業学校で学び、夜間は同市立貿易語学校で中国語も勉強した。そして16歳の夏、北京の友人を訪ねて単身、中国旅行の冒険をした。

鈴木源吾

この異国への夢はさらに膨らみ、当時日本の支配下にあった台湾に渡り、台湾総督府高等商業学校で学んだ。卒業後は学校の推薦でアメリカに留学することになった。21歳の源吾は台湾総督府在外研究員としてウィスコンシン大学に入り経済学の学位を取得、その後同大学院を卒業して4年目に帰国した。

日本で1年余を過ごした後、源吾は再び台湾に渡り、今度は教授として母校に復帰した。当校は国策としての調査機関の役割もあって、学生たちと共に中国及び東南アジアを旅行して各国の経済や社会の状況を調査研究した。その旅行中、１９３７（昭和12）年7月に盧溝橋《ろこうきょう》事件が勃発《ぼっぱつ》、やがて日中戦争へと拡大した。上海では中国軍の空爆もあって旅行を変更して台湾に帰ると、源吾の英語能力が買われて対外英語放送の原稿を毎日書くことになり、終戦までの8年間を務めた。

45年の終戦を迎えると、源吾は通訳としてアメリカ軍高級参謀らと共に連合軍捕虜の引き渡しに関わった。次いで台湾に残る20万人の日本の軍人と30数万人の一般人の帰還について、軍幹部と共に交渉に当たり、持ち帰り荷物の緩和など多くの譲歩を米中双方から引き出した。また、台湾からの要請で3年間残留し、台湾経済再建の専門委員として貢献した。

48年末に日本に帰還した源吾は大蔵省（現財務省）からの求めに応じて入省した。翌年大蔵省財務参次官となり、第３次吉田茂内閣の池田勇人大蔵大臣を補佐して、51年のサンフランシスコ平和条約後の日本経済再建に努めた。

鈴木源吾（左端）と池田勇人大蔵大臣（右隣、後首相）

退官後の63（昭和35）年、ついにＩＭＦ及び世界銀行の理事として主に東南・南アジアの開発援助に6年間尽くした。帰国後は日本銀行監事として琉球開発金融公社の琉球政府への移管など、返還前の沖縄開発の金融支援に関わった。最後はロンドンの英国法人国際銀行会長を務めて引退、98（平成10）年に94歳で生涯を閉じた。

源吾は引退後もアメリカと日本を半年ごと交互に暮らした。最後まで国際人であったがその原点は故郷にあり、父が親しかった同郷の坪内逍遥の影響があったと振り返っている。「太田で生まれたことは幸福でした。感受性の強い小学生時代に同郷の坪内先生の影響を受けて向学心に燃えて勉強したことが、外国で仕事をするきっかけとなった」と語っている。国際化や国際交流が叫ばれる現代、国際的エコノミストとしてその最先端を走り世界の発展に貢献した源吾を、郷土美濃加茂市は誇りとして美濃加茂市民ミュージアムにその業績を顕彰している。

・写真はすべて美濃加茂市民ミュージアム所蔵

（平成24年11月30日掲載　髙木和泉）

円空仏の魅力活写

ブームの火付け役担う

写真家　後藤英夫　関市

後藤英夫

円空仏の写真家として名高い後藤英夫《ごとうひでお》は1910（明治43）年、関町（現関市）の老舗刃物問屋「兼成屋《かねなりや》」の長男として生まれた。若くして家業を継ぎ、全国を舞台に仕事に励んだが、健康を害し店を閉めた。そんな失意の英夫を救ったのは趣味の写真撮影であった。やがて健康を取り戻し、戦後は生活のため写真のDP（現像）屋を開店した。

元来凝り性であった英夫の写真家としての力量も、53（昭和28）年に開かれたパリ、ロンドン、ブラジルにおける国際サロンで入賞。また、54年開催のサクラフィルムコンテストでも、出品2万8000余点の中で見事一等賞を獲得するなど、注目を浴びるようになった。

当時、関市の写真家グループ「蒼鵠社《そうこう》」が注目されていたのも、英夫のような指導者がいたからである。

そんな英夫に目を付けたのが、親友の前衛美術家集団「VAVA」主宰の西尾一三だった。

ある時、西尾に誘われて近くの神明神社で善財童子を撮影したのが円空仏との出会いであった。この時被写体として面白いと気付き、その後は西尾が経営していた病院の車で関市周辺の円空仏の撮影を続けた。

そして夢中になり始めた英夫を円空狂にしてしまう決定的な出会いがあった。60（昭和35）年、上之保村鳥屋市《とやいち》（現

神明神社（関市伊勢町）

関市）不動堂の「尼僧像」（現所在不明）を目にした際、「山間の夕闇迫る静寂の中で見た妖艶な尼僧像の美しさは身震いするほどだった」と回想する。

その後、撮りためた写真を「ＶＡＶＡ展」会場で披露すると、岐阜県出身の江原順（美術評論家）が格別興味を示して出版を推奨。西尾の口利きで61年、三彩社の太田三吉によって『円空・人と作品』が世に出た。

この出版がきっかけで、岐阜・名古屋のデパートでも円空仏と一緒に英夫の写真展が開催され、東京でも村松画廊で円空写真展が開催された。57（昭和32）年に始まる円空ブームが英夫らの力でこの頃最高潮に達した。

鳥屋市不動堂（関市上之保）

後日、ＮＨＫで放映されたドラマ「円空」（原作飯沢匡）にも、英夫の写真が使用された。

地元の長良川河畔で円空が入定《にゅうじょう》していること、岐阜、愛知県下に円空仏が多く残っており、全国規模で撮影している人がなく、自分がやらねばとの思いから、英夫はその後も北海道から九州まで駆け巡り、円空仏を撮り続け、多くの人たちと交友を深めた。

円空寺として有名な名古屋の荒子観音へ３年半も通い、一般では触れることのできない１０２０体もの千面菩薩を、１枚の原画に大群像として収録、円空写真家としての念願を果たした。

英夫は99（平成11）年、88歳で生涯を閉じたが、円空仏に潜んでいる燃えるような呪力を写真家としてどう捉え、どう表現するかを課題とし、四半世紀を円空仏の写真一筋に生きた人生であった。

（平成25年２月27日掲載　小川釹子）

せせらぎ街道に芝桜

生涯をかけ花畑づくり

國田かなゑ　郡上市

美濃と飛騨を結ぶ郡上市のせせらぎ街道に春が訪れると、國田《くにた》かなゑが生涯をかけて育てた芝桜のじゅうたんが広がり、道行く人の心を和ませる。

國田かなゑ

1924（大正13）年、街道沿いの奥明《おくみょう》方《がた》村奥住《おくずみ》にかなゑ（旧姓石田）は生まれた。47（昭和22）年、奥住で農林業を営む國田登美雄と結婚し、農作業、養蚕、炭焼きなどをしながら4人の子どもを育てた。

若いころに洋裁を学んだこともあり、娘のスカートを作るときもひだが翻ると違う布が見え隠れするなど、随所に工夫を凝らした。また、日ごろから布や紙などあらゆる素材を整理し、無駄なく活用した。この根気よさと創意工夫の才能が、花づくりにも生かされることとなる。

かなゑは50年ほど前、実家から一握りの芝桜を持ち帰った。春につややかに咲くこの花が、寒さに強く、やせ地でも株を増やすことを知っていた。花を育てる余裕などない時代であったが、農作業の合間に、田畑の石垣の頭や穴に少しずつ株を増やしていった。

昭和50年代になると、繭値の低迷を受けて國田家も養蚕をやめた。かなゑはこの機に夫の協力を得て、自宅裏の桑畑に芝桜などを植えた。石垣に線のように植えられていただけの花が次第にじゅうたんへと広げられた。

國田家の芝桜

雨が降ると、「あの花を移植できる」と喜んで畑に出掛けた。除草は年間で30数回にも及んだ。雪解けから秋まで「どこにどんな色を塗ろうか」と思いめぐらすのが、かなゑの楽しみであった。

道沿いにも花々を移植した。地域の人には芝桜を株分けし、家々に植えてもらった。やがて花畑は評判となって見物客も増え、訪れた人々には苗や球根、冬場に作った手芸品を無償で渡した。すると来訪者からは苗や球根が届けられ、交流の輪が広がった。生涯に植えた花は１３８種類にも及ぶが、多くが頂いたものであった。

春、多くの人々が訪れる

緑化推進と緑化思想の普及が認められ、96（平成８）年には内閣総理大臣賞を受賞。２００２年に77歳で他界するまで、多くの人に見てもらうことを喜びとして花を育て続けた。

長女の洋子は、母の残した美しいが、広い花畑を見て泣けてきたと言う。現在では地域の人々の協力も得て、花作りの原点となった芝桜を守ろうと、母の志を受け継いでいる。

今年も間もなく、花咲かばあさんの鮮やかなじゅうたんが敷かれる季節がやってくる。

（平成21年３月27日掲載　河合浩司）

・写真はすべて國田洋子氏提供

芝桜を守る地域の人々

地球の上に天の川を

桜でつないだ人びとの心

元国鉄職員　佐藤良二　郡上市

２０１４（平成26）年４月19日、今年も１３２名の参加者を集め「第21回さくら道国際ネイチャーラン」が行われた。名古屋から金沢を結ぶ２６６キロのコースは、随所に桜並木が美しい旧国鉄バスの名金線（名古屋―金沢間）沿線が舞台となっている。

佐藤良二　佐藤家所蔵

この桜並木を作ったのが、旧国鉄バス職員の佐藤良二《さとうりょうじ》である。

良二は１９２９（昭和４）年、郡上郡白鳥町（現郡上市）に生まれた。幼いころ母を亡くし、父の仁助に男手一つで育てられた。

「人様の喜ぶことをせないかんのや（しなければいけないのだ）」という父の教えはそのころ、胸の奥深くに刻まれた。

良二は17歳で旧国鉄（日本国有鉄道）に入社し、53（昭和28）年には正式にバスの車掌となった。

当時の良二には夢があった。それは、映画俳優になること。そのために鼻を整形までしたが、夢はかなわなかった。自尊心を打ち砕かれた良二は、自殺を考えるほど落胆した。

そんな時、良二の心を揺り動かす出来事に出合った。

それは、60（昭和35）年のことであった。東洋一の大きさのロックフィル式の御母衣《みぼろ》ダムが完成し、そこにあった集落がダム湖に沈む際、住民の強い願いにより、樹齢４００年を超える２本の桜の木だけは移植されることとなった。

良二は、その移植作業の写真撮影を依頼されていた。困難な作業の様子や移植後に満開の花を咲かせた荘川桜、そして、その花を囲んで喜び合う人々。この姿を見た時、そのころ亡くした父の言葉の本当の意味をかみしめた。

名金線が開通した66（昭和41）年春、良二は「太平洋と日本海を桜でつなごう」と決意し、バスの出発点でもある名古屋営業所の前に１本の桜の苗木を植えた。そして、夢の実現に向けて、私財をつぎ込み、路線沿いの１５５カ所を中心に、桜の苗木を黙々と植え続けた。

最初はソメイヨシノを植栽していたが、名金線は寒冷地が多く、うまく育たない苗木も多かった。そのため、専門家に相談し、樹齢が数百年から千年もの生命力をもつ荘川桜（アズマヒガンザクラ）の種から苗木を育てるようにもなった。植栽した苗木の数２千本。途中からは、重い病気による入退院を繰り返しながらの作業でもあった。

決意から12年。多くの人々の応援も得ながら「地球の上に天の川のような花の星座を作りたい。花を見る心が一つになって人々が仲良く暮らせるように」と願い続け、47歳で帰らぬ人となった。

この遺志は、身内、職場の同僚らに受け継がれ、植栽は続けられたが、植栽する場所の確保が困難になってきた。

そんな中、中学校の教科書に良二の生きざまが掲載されたり、『さくら道』という本が出版されたりして、良二の願いが注目されることとなった。

94（平成６）年には、映画「さくら」が製作されると同時に、その功績が今後も継承される方法が検討された。その方法が「さくら道ネイチャーラン」であり、同年、第１回が開催された。

桜色のゼッケンを付けた選手が名金線沿線を走ることで、「天の川のような花の星座」を作り上げるとともに、ボランティアがランナーを支えることで「心を一つにして仲良く暮らせるように」という願いを実現しているのである。

だからこそ、２６６キロを走りきっても、順位もつかない「さくら道ネイチャーラン」に１００名を超えるランナーが国内外から集まるのである。

良二の思い描いた夢はこれからも受け継がれ、２０１５（平成27）年の大会は４月18、19日に行われることになっている。

（平成26年11月28日掲載　横田稔）

市民劇団の「灯」守る

地域に独自文化はぐくむ

演劇家　高田英太郎　郡上市

今年も劇団「ともしび」による定期公演が郡上市総合文化センターで上演され「帰ってきたオトウサン」が好評を博した。

1958（昭和33）年に旗揚げした市民劇団は2010（平成22）年で52年目を迎えた。創立後20年間は、劇団員が郷里を離れたり、結婚で家庭に入るなど、活動が衰退した時期があった。

高田英太郎

まさに風前の「ともしび」と言われた劇団に、77年、高校の教員であった高田英太郎《たかだえいたろう》が加わり、自作の「激浪」（幕末の郡上藩士凌霜隊の物語）を上演し、市民演劇の灯《ともしび》を再燃させた。

英太郎は31（昭和6）年、郡上郡八幡町（現郡上市八幡町）に生まれた。郡上農林学校（在学中、郡上高校となる）演劇部に所属し、その魅力にすっかり取りつかれてしまった。その後、早稲田大学仏文科を卒業し、北海道にある北海タイムスの記者となったが、学業や仕事の傍ら、同人誌を発行し、脚本を掲載することもあったという。

62（昭和37）年には、郷里に戻り、高校の教員となった。

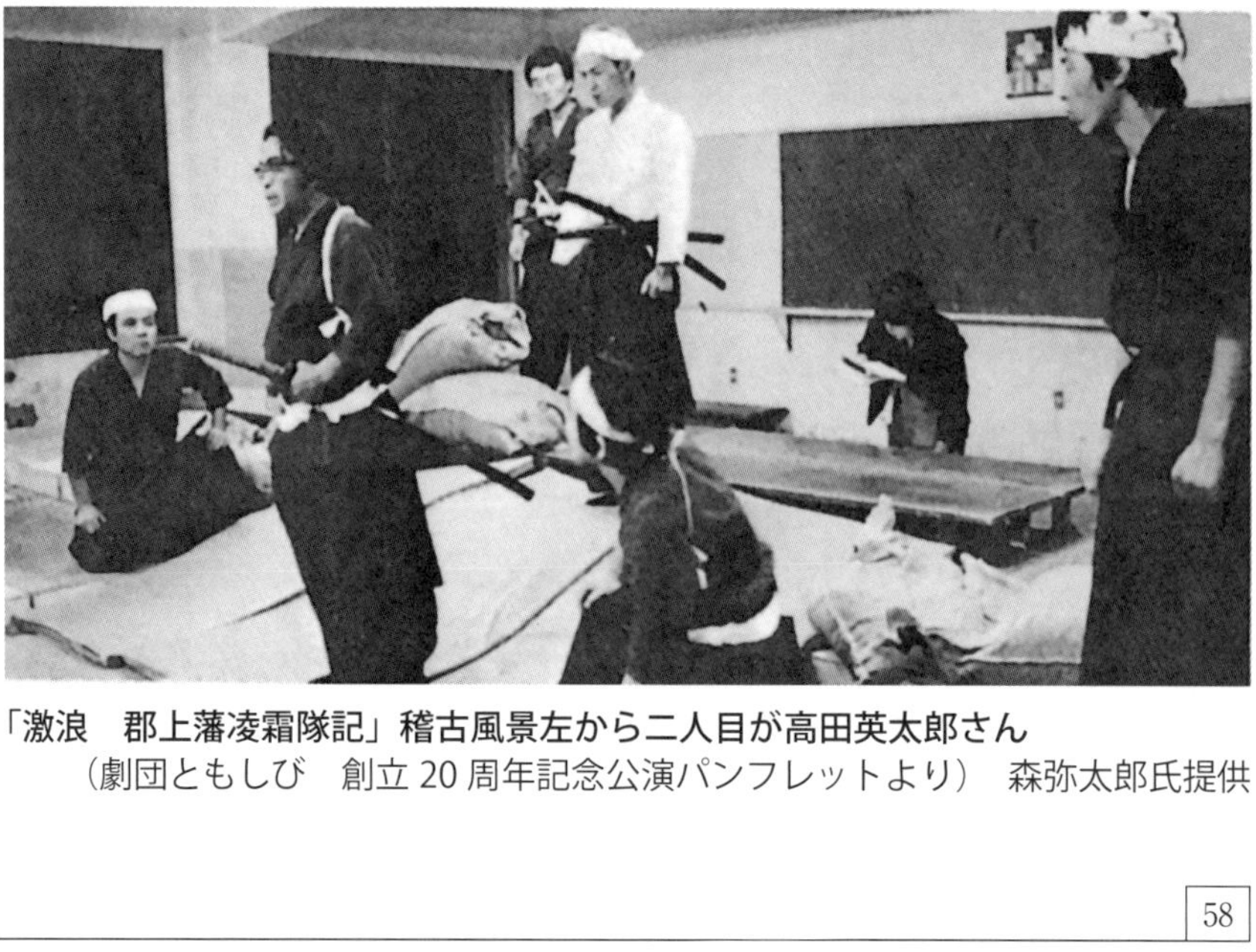

「激浪　郡上藩凌霜隊記」稽古風景左から二人目が高田英太郎さん
（劇団ともしび　創立20周年記念公演パンフレットより）　森弥太郎氏提供

ここでも、小説や脚本、郷土誌などの執筆活動を精力的に行った。そんな中、63年、小説『黒い原点』で第3回新日本文学賞を受賞した。審査員の一人である野間宏が「私は高田英太郎の追跡者としての力をはっきり認める」と高く評価している。

　赴任先の高校では演劇部を率い、県大会での入賞、中部日本大会への出場を幾度も果たすまでに育て上げた。また、演劇を地域に発信する文化運動ととらえ、各地の施設や親子劇場で多数の巡回公演を成功させた。

創立30周年記念公演パンフレット

創立20周年記念公演パンフレット

　劇団「ともしび」は英太郎の参加により、多幕物の劇が上演されるようになった。子どもや町の名士たち、合唱団、三味線クラブなど、市民や文化団体を巻き込む手法をとったり、郷土の民話や歴史、郡上おどりを題材にした創作劇を幾つも手がけたりして、市民演劇としての活路を見いだし、客層も広げた。後には、教え子や出演経験した子が成長し、英太郎を慕って劇団に加わるなど、団員も次第に増えていった。

　現在、劇団の代表を務める森弥太郎は「高田先生は、一人一人の動きや細かな演技指導をするんやのうて、舞台全体が醸し出すアンサンブルを大切にする演出やったなあ。また、照明や音響、舞台装置のこともよう勉強してみえた。なんでこの役をこの人に？　なんて配役をするんやけど、やってみると適役になっていくんや」と語る。

　また、役者が自分で理解した役柄を表現することを大切にしてもらえ、舞台では心が解放され、伸び伸びと演技ができたと回想する女性団員もいる。愛する演劇の灯を守り、人を育て、地域に独自の文化を根付かせた英太郎は、2004（平成16）年、演劇人生を終えた。

（平成22年11月26日掲載　河合浩司）

一晩に彗星二つ発見

いちずな想い、苦労重ね

コメットハンター　森　敬明

関市武芸川町

1975（昭和50）年10月6日、日本でのアマチュアによる彗星《すいせい》観測史上、初めての快挙が新聞で報道された。前日の5日、関市武芸川町《むげがわ》（旧武儀郡武芸川町）在住のアマチュア天文家である森敬明《もりひろあき》が、一晩に二つの新しい彗星を発見したのである。

敬明は、1939（昭和14）年、武芸川町跡部《あとべ》の農家の長男として生まれた。父は、早朝から晩遅くまで懸命に働きながらも、昭和22年の日食をメモ帳に記録するなど学問好きな面もあったという。その背中を見て育った敬明は、高校生のころには眼鏡屋でレンズを買い、ボール紙を丸めて望遠鏡を作り、月面を観察する少年に成長した。

夜光観測を楽しみに、岐阜大学物理学科に入学したが、父親の病気などにより休学。2年遅れで復学した時には、夜光観測は自動化され、研究室が太陽電波の観測を行うこととなり、半ば失意の中で卒業を迎えた。

大学卒業後は、私立高校に奉職し、1909（明治42）年に落ちたと言われる美濃隕石《いんせき》の研究に没頭した。しかし、研究のまとめは学会から認められず、悔しさのあまり、資料をすべて焼却した。

自宅に観測小屋を作った森敬明（1973年、関市武芸川町）

森家提供

敬明は、自分を取り巻く厳しい環境、悲しい心境を詩をつづることで昇華した。作った詩は、数多くの文芸雑誌に掲載され、自身も2冊の詩集を発刊している。また、３年間ではあるが、個人誌『牧場』も発刊した。

しかしながら、天文への情熱は、消えることはなかった。16センチ反射望遠鏡を自作し、彗星の探索を開始した。１９７３（昭和48）年には手作りの観測小屋を自宅に完成させ、本格的に観測活動に取り組んだ。

彗星発見の偉業は、それから2年後のことであった。「無心に星空を見上げる時間は、私にとっては精神修行の短い時間なのだ」と詩にも書き記しているように、当時に彗星を探すという営みは、言葉では想像もできないほど過酷なものであった。観測は、星が輝きを増す深夜の２時を過ぎてから、明け方にかけて行うものである。午前２時までの仮眠前には晴れていても、起きてみると曇っていて観測できない日も多かった。

真冬の深夜の観測は、気温が氷点下になる屋外に放り出されているのと何らかわりがないのである。重ね着をして毛布をかぶるものの、口径12センチの双眼鏡を使って自分の記憶の中にある星図と比較しながら彗星を探すことは、自分の心から雑念を消し、一点を見つめるという点で、まさに修行そのものであった。その後も敬明は、三つの新彗星を見つけ、２００７（平成19）年3月、67歳で逝去した。

現在の彗星探索は、人類の安全確保という意味で、地球規模で取り組まれており、アマチュアの天文家が活躍する場は狭められたが、いちずな想《おも》いが実を結んだ敬明の功績はますます輝きを増している。

（平成22年8月27日掲載　横田稔）

関商工高校を花園常連校に

この道より我を生かす道なし

ラグビー指導者　山口正昭　関市

山口正昭

　関商工高校ラグビー部を花園常連校に育て上げた元監督山口正昭《やまぐちまさあき》が今年4月18日、72年の生涯を閉じた。正昭は、1942（昭和17）年、長崎県五島列島に生まれ、父親の仕事で一家は愛媛県松山市へ移住した。58年に強豪新田高校でラグビーを始めると、1年生からレギュラーとして3年間全国大会へ出場。3年生では主将としてベスト4にまで進出した。61年、日本体育大学に進み、名ウイングとして鳴らした。

　65年、国体開催を控えていた岐阜県の教員に採用された。教員の部に選手として出場し、後に京都伏見工業高校監督になる山口《やまぐち》良《りょう》治《じ》とともに準優勝を果たした。そして、その後の県の国体五連覇の原動力となった。

2012年、花園ラグビー場で全国高校ラグビー大会を観戦する山口正昭（手前左）、山田耕二（同右）、山口良治（二列目右）の3氏
関商工高等学校ラグビー部HPより

　66年、関商工高校ラグビー部監督に就任すると、自分を必要とする人がいる限り自分の人生をこの地にささげる覚悟をした。卓越した指導力と熱意は、全国大会通算22回出場（うちベスト4・1回、ベスト8・4回）、15回の東海大会優勝を果たした。後に卒業生3人が日本代表として活躍。日体大同期に山口良治、愛知の元西陵商高校監督の山《やま》田《だ》耕《こう》二《じ》がいる。3人は指導者になってからは花園行きを競うライバルでもあり、正昭は、部員たちをいつか花園で優勝させてやりたいと思っていた。

　正昭は、毎日夜遅くまで部員一人一人のラグビー日誌に朱筆を入れた。部員たちは皆が「厳しかったが優しかった」と語り、ラグビーを通して人生をたくましく、明るく、前向きに生きることを学んだ。「２年間の厳しい練習を経て３年目に花園行きを決めたときの感動が自分の人生の起点になった。先生の幅広い知識と人間的な魅力にひかれ教員の道を選んだ」と教え子で現監督の井川茂雄《いかわしげお》は語る。

67年、正昭は同郷の裕子《ひろこ》と結婚し、４人の子どもに恵まれた。土日もなく朝から夜遅くまで指導に明け暮れたが、会えない家族へ家のあちこちに手紙を置いて思いを伝えた。また、中学2年の長男清久《きよひさ》が大病を患い入院を余儀なくされたとき、毎日練習が終わると病院に駆け付け、病室の床に布団を敷いて一晩中付き添い、朝は病院から学校へ通う生活を1年以上続けた。裕子は「いつも巡り会えた人たちに感謝していた。家で不機嫌な顔を見たことはなく、部員一人一人の良いところを見つけていつも誇らしげに語っていた」と振り返る。

正昭は、県ラグビー協会理事長や関西ラグビー協会理事を歴任。また、関グリーンフィールド中池の建設やラグビースクールの立ち上げにも心血を注ぎ、県教育功労賞や岐阜新聞スポーツ賞など数多くの栄誉に輝いた。

２００３（平成15）年、副校長を最後に退職し、その後も総監督を続けた。そんな正昭を05年、11年と2度にわたって難病が襲った。余命半年と宣告された2度目も、辛くきつい治療であったが、いずれも持ち前の精神力と強靭《きょうじん》な体力で奇跡的に病を克服した。その後は家で療養しながら、時折車椅子でグラウンドへ出掛けては、部員を激励した。

３千人を超える関係者がお別れを告げた正昭の棺《ひつぎ》は、最後に半世紀をともにしたラグビーグラウンドに立ち寄った。「この道より我《われ》を生かす道なし」を座右の銘とし、関商工高校一筋に情熱を注ぎ続けたラグビー人生であった。

（平成27年9月25日掲載　村井義史）

第三章　育む

礎を築く、郷土を慈しむ

郷土、そしてそこに住む人々を愛し、
地域のために尽くした人々

学生に武士道伝える

西郷隆盛に学んだ剣客

剣道教師　河田諒介　御嵩町

明治新政府の指導者にもなり得た河田諒介《かわだりょうすけ》は、岐阜県に来て剣道教育に尽くし、県剣道連盟初代理事長の坂井賢《さかいけん》一《いち》らを育てた。その縁故者を訪ねて著した郷土史家の中村正夫の伝記物語『太刀風の音』で諒介の生涯をたどる。

　諒介は1843（天保14）年、長州藩支藩の徳山藩（現山口県）家臣益見《ますみ》家（後に河田家へ養子入りし改名）に生まれた。萩の藩校明倫館《めいりんかん》に学んだ後、江戸へ剣術修行に出て三大道場の一つ、桃井より鏡新明《きょうしんめい》智流《ちりゅう》の免許皆伝を授かった。

河田諒介

　鳥羽伏見の戦では、後の首相桂太郎らとともに活躍し、明治新政府では陸軍少佐にまで昇進した。しかし、かつて砲術研究のため鹿児島へ留学した折に接した西郷隆盛に心酔していたことが諒介の人生を大きく変えることとなる。

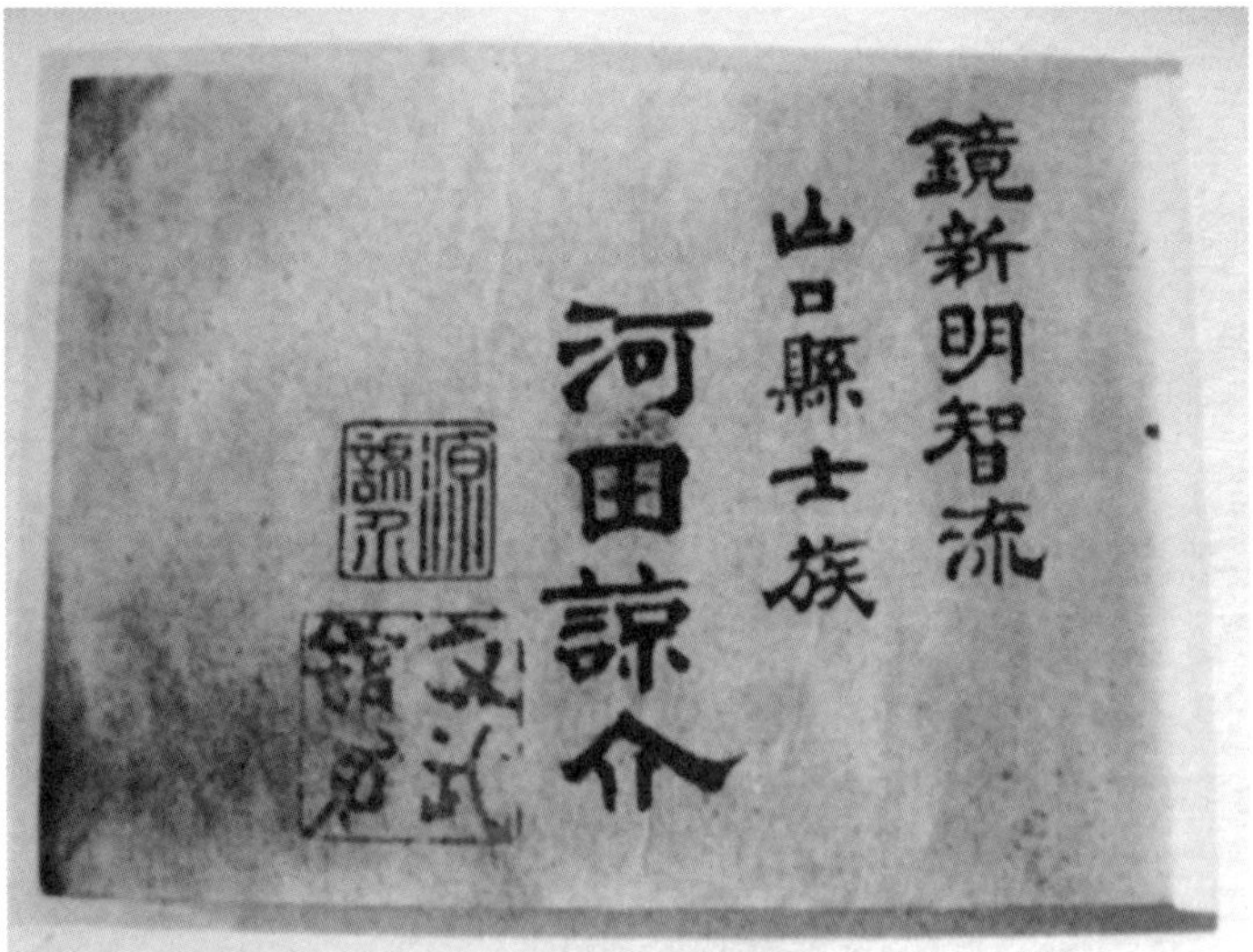

鏡新明智流免許状

　西南戦争が77（明治10）年に起きると、既に陸軍を退役して覚悟を決めていた諒介は新婚の妻志津子《しづこ》をも残し西郷軍に身を投じた。しかし、西郷軍は敗北し、諒介はひそかに大阪へ脱した。

その後、京都妙心寺に住み込んだこともある。そして、徳山に帰り一時は妻子と暮らすが再度出奔し、岐阜県の三《み》輪村《わむら》（現揖斐川町）に流れ着いた。ここで、いろいろな剣の使い手と手合わせし、諒介が無類の剣客であることが警察署長ら地元名士に認められ、支援を得て設立された道場「文武館」で12年間、剣道を指導した。

御嵩町に99（明治32）年、東濃中学校（現東濃高校）が創立されると、諒介は剣道教師に迎えられた。地元実業家の平井《ひらい》信四郎《のぶしろう》らの支援で同町上之郷井尻村に建てられた道場「講道館」に住み、「剣道とは武士道を学ぶこと。剣は気であり一心不乱にけいこせよ」と教えた。

岐阜中学校（現岐阜高校、当時岐阜市京町に在）との対抗試合では、宿舎の玉井屋（同市今小町）から激しい雷雨の中、65歳の諒介を先頭に選手たちが走って試合に臨み、武士道精神を見せつけた。

そして、１９０８（明治41）年に行われた京都武徳殿青年演武大会で、東濃中学校が見事に優勝を果たした。また、諒介は不良学生にも愛情を持って訓導し、自らも貧困であるのに苦学生にも支援の手を差し伸べた。

諒介は、西郷から学んだ「勇気・廉潔・仁愛」の精神を自らが求める武士道の根幹として県内の剣道界を担う多くの人材を育て、15（大正４）年に72歳で死去。教え子たちはその恩に報いるため、諒介の波瀾《はらん》万丈の人生を記録した位牌《いはい》を作り、同町上之郷中切村正願寺《しょうがんじ》に安置した。

・写真はすべて『太刀風の音』中村正夫著より

（平成21年8月28日掲載　髙木和泉）

教えに共感し人助け

家訓の「損して得とれ」を貫く生きざま

宗教家　**後藤泰助**　関市洞戸

幕末から明治にかけて世の中が混乱し、神仏分離や廃仏毀《き》釈《しゃく》の不穏な世相を反映して、多くの新しい宗教が生まれた。その中の一つ天理教にいち早く入信し、苦しんでいる人々を助けたいと願い、教えを広めていった一人が、1846（弘化3）年、関市洞戸に生まれた後《ご》藤泰助《とうたいすけ》である。

洞戸の生家に残る後藤泰助の像

ところで、当時の洞戸は旅館や銀行があり、岐阜から高富街道を通り、板取から峠を越えて越前へ抜ける道の、中継地として繁栄し、情報の集まる場所であった。また、近在の村々では和紙、生糸、炭や茶などが生産され、それらを運ぶ荷馬車が頻繁に往来した。なかでも洞戸で生産されたお茶は、通称「お茶街道」と呼ばれる道で、越前方面へ歩荷《ぼっか》（＝荷物を背負って運ぶ人）により運ばれていたことが、江戸時代中期の記録に残されており、越前との交易が昭和の初めまで続いていた。

現在の教会

そんな中、商売を営む泰助は、越前から来たお客の一人から病気で苦しんでいたが、熱心な信仰により病が癒え助かったという話を聞いた。泰助自身、天然痘にかかり、一命は取り留めたものの、顔にはあばたが残り、病に直面した苦しい体験から、その教えに共感した。そして、病気で苦しむ人たちをなんとか助けたいと、人助けの道を歩み始めた。

炭問屋の商売の方も順調で、ほかに泰助の開発した一口で食べられる小ぶりな「泰助餅」という看板商品もよく売れた。「損して得とれ」という家訓をもとに信頼を得て、地元では「泰助さ」と親しまれた。

1891（明治24）年、根尾を震源とするマグニチュード8・4の濃尾大地震が起こった。県内の死者は4984人に及ぶ甚大なもので、根尾谷を中心に本巣郡、岐阜市、大垣市、関市など都市部でも大きな被害が出た。民間の援助活動が組織だっていない時代に、天理教では倒壊家屋の後片づけや修繕を行った。災害に苦しむ人々の援助に力を入れた結果、信者は徐々に増えていった。

一方、洞戸では、泰助の努力が実って1892年、自宅に講社（後の教会）ができた。名簿には100人を超す人名が記され、中濃地区の講社の中でも最多の信者が集まった。また、講社は岐阜市北部から山県・武儀郡、美濃・関市と中濃地区の商業圏に広がり、講社は40カ所になった。1900年、多くなった信者を収容するために、2階建て瓦ぶきの神殿と事務所を建てた。

中濃地区でいち早く天理教の信者となり、苦しむ人を救いたいと、教えを広めた泰助は、

矢の洞に
　露とわが身は
　　消ゆるとも
おしえの道の
　栄えたのしき

という辞世の句を残し、1906（明治39）年、60歳で亡くなった。この時、天理教としての最初の葬式であったこともあるが、近郷からたくさんの人々が集まった。

泰助は、紙や炭や生糸や茶の交易路の中継地洞戸で、行き交う人々に食事や休息の場を提供しながら、人助けの道に熱中し駆け回った。そして、人を助けることの素晴らしさを人々に教えた。

こうして、幕末に生まれた天理教は、明治以降、中濃地域の交易路の繁栄とともに広がっていったのである。

（平成26年6月27日掲載　後藤章）

勤労生産教育に尽力

校内農園など生活に密着

教育者　金田英太郎　富加町

金田英太郎

富加町立富加小学校の校庭の一角に「恩師金田先生壽碑」と刻まれた碑がある。明治、大正の30余年にわたり、富田村（現富加町）の教育に生涯をささげた金田英太郎《かねだひでたろう》の威徳を語り継ごうと、教え子たちが建立した。

英太郎は1865（慶応元）年、旗本金田日向守正心の子として江戸本所に生まれたが、明治維新によって旧領地だった坂祝《さかほぎ》村（現坂祝町）深萱《ふかがや》に移住した。84（明治17）年に華陽学校師範学部を卒業し、86年に富田小学校（現富加小学校）の前身の滝田簡易小学校に転勤すると、56歳で定年退職するまで教員として14年間、校長として21年間、勢以子《せいこ》夫人と教育に邁進《まいしん》した。

明治32年に英太郎が坂祝町深萱の臨江山涼樹院に建立した金田家の墓。英太郎もここに眠る

英太郎は至誠・勤労・進取を校訓とし、運動場の隣に広大な農園を設置して勤労生産教育を行った。農園は季節の花が咲く愛頑植物園、キュウリや芋など食料となる有用植物園、薬草の類を集めた薬用植物園からなっていた。学校で飲む茶は自給自足し、収穫した梅の実の収益で教材備品を購入するなど、生活に密着した教育を進めた。

また、自ら率先して便所掃除を行った。そうした多年の教育が評価され、1909（明治42）年に文部省より優良小学校として表彰されるなど、富田小学校は模範学校として全国的に有名になった。

英太郎は1900（明治33）年、富田村風俗改良会を創立し育成に努力した。当時、小学校卒業後の青年教育は十分ではなく、風紀の乱れが問題となった。維新後の近代国家の国民としての品位を高めるため、近隣の町村に先んじた会だった。25歳以上の者が後輩の指導に当たり、道路修理や荒地開墾などの集団作業による奉仕、研究、修養を主とした青年教育であった。

21（大正10）年、英太郎は退職して群馬県高崎市へ移住するが、26年に教え子たちが住宅を建設し、富田村長として迎えた。任期の30年までに耕地整備事業などに取り組み、村の振興に尽力した。以後はこの地で余生を楽しみ、49（昭和24）年に永眠した。

教え子たちが富加小学校の校庭の一角に建立した碑

75年に発刊された富田小学校誌の中で「成績の優秀な卒業生は鍬《くわ》をもらった」「小柄で口数は非常に少なく、冗談も言われなかったが、士族の出という風格があった」と、教え子たちは英太郎の人柄を偲んでいる。

幕臣の子弟として維新の激動にもてあそばれながらも、英太郎は富加の人々をはぐくみ続け、村民から慈父のように敬慕された85年の生涯だった。

（平成21年12月25日掲載　村井義史）

女子教育の向上に尽力

私学建設へ自ら裁縫修業

教育者　椙山正弌　関市

今年、なでしこジャパンが日本を感動させた。75年前の1936（昭和11）年、やはり日本を熱狂させた「なでしこ」がいた。「前畑ガンバレ！」の前畑秀子である。前畑が当時練習に励んでいたのは、名古屋市の椙山《すぎやま》女学園大学の前身、椙山女子専門学校の屋内プールだった。

椙山正弌と今子

幼稚園から大学院まで擁する現在の椙山女学園を創設したのが、椙山正弌《まさかず》である。

彼の父正明は尾張藩士であったが、明治維新の藩籍奉還で名古屋から武儀郡高野村（現関市武芸川町高野）に移り住んだ。父は洲原神社（美濃市）の神主や乾村（現山県市）の戸長を務め、人望が厚く、和歌を愛する文人でもあった。

1879（明治12）年に生まれた正弌は、16歳で岐阜県師範学校（現岐阜大学教育学部）を修了、美濃町（現美濃市）、岐阜市の小学校教員になるが、健康上の理由でまもなく辞めることとなった。

椙山女学園室内プール（昭和5年）

後に岐阜県教育会で機関誌編集に携わり、親譲りの文才を発揮した。さらに講演会や展覧会を催すなど、教育会に新風を吹き込み、地域の文化センター的役割を担わせた。しかし、自らの論文が県立学校批判と受け取られ、程なく教育会を追われてしまう。

当時の教育界に飽き足らない正弌は、福沢諭吉の進歩思想に敬服、独立自主の思いから私学建設を決意した。

日本の家庭や社会が進展するには女子教育を向上させる

ことが不可欠と考え、裁縫などの実用的な技芸教育を行い、堅実、貞淑な良妻賢母の育成を図る裁縫女学校の開設を計画した。

当時最も有名で、女子の自立を目指していた東京裁縫女学校（現東京家政大学）で学ぼうと、１９０２（明治35）年上京した。裁縫技術を習得する男子など皆無の時代、女子学校への入学は当初からかなうはずはなかった。しかし、正式はあきらめず、岐阜師範時代の先輩を紹介者に立て、裁縫女学校の校長と面会、女子教育に対する胸の内を語った。その志の高さと熱意に、門下生として聴講を許された。

昭和 11 年のベルリンオリンピックで活躍した前畑秀子（200m 平泳ぎ優勝）と小島一恵（400m 自由形６位）の銅像

針の扱いも知らなかった正式は、仕立屋見習いもしながら不眠不休で修業を重ねた。

その間に岐阜師範の同窓生で加茂郡加治田村（現加茂郡富加町）出身の中村今子と出会った。05年、結婚した二人は名古屋市内にあった旧武家屋敷を借り、名古屋裁縫女学校を開校した。

正式らの理念は着実に受け入れられ、年々入学生が増加した。また、時代の進展と要請に合わせ、授業内容や制度も充実、女子総合学園へと発展させた。正式は、「日本の女子が家庭の人となると、容色衰えて老人味を帯びるのは運動不足の結果である。身体美を増し、健康で快活を得るには運動に待つほかはない」と説き、スポーツも奨励した。冒頭の前畑秀子を和歌山から招いたプールは28（昭和３）年に完成させたが、屋内プールなど当時どこにもない時代であった。

正式は享年84歳で息を引き取り、翌年後を追うように今子も逝去した。

生涯を女子教育にささげた正式の教育理念は、なでしこたちが示したような、より高いものを求め、女性らしい芯の強さで挑戦する姿であった。

・写真はすべて椙山女学園歴史文化館提供

（平成23年9月30日掲載　熊﨑康文）

地域医療発展に貢献

人情味あふれる献身的医療

医師　関　馨二　御嵩町

旧中山道の国道21号沿にある御嵩町上之郷《かみのごう》公民館東側に、1965（昭和40）年に建てられた顕徳碑がある。当時日本医師会会長であった武見太郎の筆で「関馨二《せきけいじ》先生之碑」と刻まれている。これは、地域住民の健康を守るため献身的な医療活動を行った医師関馨二の恩に報いるため、死後13回忌に合わせて住民からの浄財によって建てられた石碑である。

関　馨二
上之郷公民館提供

石碑裏の銘文によれば、馨二は1893（明治26）年に長野県飯田市松尾に生まれ、慈恵医科大学を卒業後、東京帝国大学付属病院、東京市養育院外科、長野県上田市民病院で医師として勤務した。

1936（昭和11）年、御嵩町と上之郷村は、医師が一人もいなくなり、県外に医師を求めていた。そこへ無医村で働く夢を持っていた上田市民病院の馨二を知り、快諾を得て、御嵩町（現御嵩区検察庁の南側）で病院が開設された。

これより17年間、馨二は御嵩病院の医師として地域医療の発展に貢献した。その姿は関馨二先生顕徳会と可児医師会が33回忌を追悼して発行した冊子に描かれている。

その中の一節に「先生はイヤな顔一つせず昼夜を問わず診療に応じ、東西8キロメートルにわたる同町（御嵩）と旧上之郷村（戦後御嵩町に合併）を毎日自転車で走り回ったという。また、生活の苦しい患者には無料で診察するだけでなく、見舞金などを置いて帰ってくることさえあった。このため盆や年末には治療代の代わりにと農産物を届ける人も多かった」とある。このように、馨二は献身的で人情味あふれる医療を施し、地域住民に信頼され愛されていた。今でも「脚がひどく化膿《かのう》して切断をといわれたが先生のおかげで助かった」と感謝の言葉を語り継ぐ人もいる。

太平洋戦争中の42（昭和17）年、4年前に始まった国民健康保険（以下国保とする）制度は健民健兵の国策として加入の強化が進められ、当地においても国保事業が始まった。しかし、その後の運営は困難を極めた。そんな時も馨二は運営費の不足分を自ら負担して「相互扶助の精神を守れ」と諭し、国保の維持発展にも尽力したという。

上之郷村立診療所跡に建てられた顕徳碑
上之郷公民館（御嵩町北切）の東側

関馨二医師の顕徳碑（裏の銘文）

　関馨二先生は、飯田市松尾の人、昭和十一年招かれてこの地に来り、医を営み、乞わるれば深夜山陬《さんすう》の地に自転車を馳せ、風雪を厭わず、時には困窮者には無料で治療を施し、国保が運営困難のため廃止されようとするとき、自らその足らざる所を負担し、相互扶助の精神を守れと諭し、又村民の願望で開設された診療所の利用の少きを憂え、先生は自宅診察を診療所の施療として扱い、その運営に力を尽くした

　先生逝いて十三年、医を以って社会に奉じ、仁一筋に六十年の生涯を閉じた先生を追慕し、先生が心を砕いた縁りの地診療所に碑を建て、事績を刻み永く世に伝える

昭和四十年　　発起人

　戦後、上之郷村には医療機関が無かったが、1951（昭和26）年に村民念願の村立診療所が今の顕徳碑が建つ地に開設された。しかしそれは警察官駐在所跡の建物を改造したものであり、また馨二は翌年から御嵩病院と兼務で診療所の嘱託医師となるが週1、2回程度の開所診療であった。

　そこで53（昭和28）年、馨二はさらなる医療の充実を求めて診療所の初代所長になり自ら運営した。この頃、国保制度は国庫負担を初めて予算化するなど整備が進み、地域住民の診療所への期待はますます高まっていたが、馨二の身体は胃がんにおかされていた。しかし自らの病は隠して患う人のために診療を続けたが、ついに東京大学病院に入院することになり「長い間ありがとう、いよいよお別れです」と患者や知人に手紙を出し、60年の生涯を閉じた。

　遺骨が御嵩町に帰ると、座して拝む老人など数千人の人垣に迎えられたという。その8年後に国民皆保険体制は確立するが、無医の地に医療を根付かせ、国保制度の維持発展に努めた馨二の献身的活動は、一地方において初動期の国保体制を確実に支えていたのである。

（平成26年5月30日掲載　髙木和泉）

赤ひげのお医者さん

献身的、地域医療支える

医師　後藤助吉　関市

関市立下有知《しもうち》小学校前の国道156号の脇に一人の町医者をたたえる石碑がある。「医学博士　後藤助吉《ごとうすけきち》顕彰碑」である。

助吉は1893（明治26）年、各務原市神置の松尾家の四男として誕生した。幼少期から大変勉強好きで、岐阜中学校（現岐阜高校）に進学し、首席であったという。

後藤助吉

一方、当時、下有知周辺に20町歩を超える土地をもつ庄屋・後藤家では、一人娘である「みち」の養子を探していた。みちの母は偶然、岐阜中学校の首席であり、長男ではない助吉のことを知り、助吉を後藤家の養子として迎えた。後藤助吉の誕生である。

助吉はその後も下有知では生活せず、旧制第八高等学校（名古屋にあった官立旧制高等学校）に進学、卒業後は京都帝国大学（現京都大学）医学部に入学、1927（昭和2）年に同大学院を卒業し博士号を取得した。大学のころに、みちと結婚し、卒業後は呉《くれ》の海軍共済組合病院（現呉共済病院）に勤務した。同病院では内科部長として活躍した。

「父は朝から晩まで働いていた。広島の被爆後は、次々運び込まれる患者の白血球の数値の異常に気づき、懸命に治療法を究明しようとしたが、当時は放射線被爆の資料が無かったため、究明できなかったことを悔しがっていた」と、幼少時を呉で過ごした息子の玄吉は語る。

終戦後、農地改革により、20町歩を超えた後藤家の土地は、すべて没収されてしまった。下有知に帰郷した助吉は、一時は自らの命をもって償おうと考えたこともあったという。しかし、庄屋としての後藤家は無くなったが、これからは医者として、地域の人たちの支えになろうと考え直した。そこで、後藤家の屋敷の一部を改装し、小さな診察室を設け、医院を開業した。

とはいえ、戦後しばらくは、どの家も生活は貧しく、国民皆保険制度も充実していなかった。そのため、診察をしても薬代を徴収するだけであったという。１９６５（昭和40）年に公開された映画「赤ひげ」にちなんで、後に、赤ひげのお医者さんと呼ばれるようになったゆえんである。

実際に父親を往診してもらったご老人は、「よそから来てもらった医者は、部屋に入ったら、黙って診て、『はい、いくら』という感じだった。後藤先生は患者に対して本当に丁寧で、患者の話を最後まで聞いてくださった。それに、休みの日でも、夜でも、雨でも、雪でも往診に来てくださった。診察後は家庭の実情を考え、『この薬は高いが使ってもいいか』と気遣ってくださっていた」と懐かしがった。

大病院での経験から、実際に診断力は優れており、手に負えない癌《がん》などを発見したときは、大病院を勧めることで命を救ったこともあった。

晩年は、３反ほどの農地の耕作を楽しみながらも、一人で自転車による往診を続けていたが、１９７６（昭和51）年2月11日、往診途中に交通事故で他界した。82歳であった。

子孫は下有知を離れており、後藤家には誰もいなくなった。しかし、助吉の献身的な姿をしのぶ地域の人々が話し合い、翌年8月、顕彰碑が建立され、助吉の偉業は永遠に後世に残ることとなったのである。

（平成24年8月31日掲載　横田稔）

児童福祉の道に尽力

養護施設「合掌苑」を創設

慈善家　岡本幹翁　郡上市

このたびの東日本大震災で多くの子どもたちも犠牲となったことは心が痛むばかりである。現在、震災孤児となった100人を超える児童のために、支援基金の設立、里親としての受け入れなどが動き始めている。

これらの活動の先駆者として児童福祉の道に生涯をささげたのが北辰寺（郡上市美並町）住職岡本幹《おかもとかん》翁《おう》である。

岡本幹翁　岡本幹彦氏提供

幹翁は1912（大正元）年、関市本町で生まれた。病弱で家からあまり外へ出ない子であった。そこで、親は息子を寺に預けることを考えたという。

17歳で北辰寺住職岡本碩翁《おかもとせきおう》の養子となり、岡本幹翁となった。

その後、住職を継ぎ、42（昭和17）年に小林政子と結婚した。東京育ちの政子も郡上に移り住み、子どもたちの栄養管理や保育全般を担い、夫と共に児童福祉の道を歩むこととなる。

戦中から、保護司や方面委員（民生委員の前身）の仕事を行い、多くの戦災孤児と出会った。そんな中で、身寄りのない子どもらの里親となり引き取ることとなった。

遠くまで出向き托鉢《たくはつ》をして運営資金を集めるとともに、庫裏《くり》の2階で寝起きを共にした。就寝時には幹翁や政子の

中学生の卒業記念、前列中央が岡本夫妻　（昭和36年）
合掌苑40周年記念誌より

布団の中に子どもたちが入ってきたという。

孤児が集まることに地元からは反対の声が上がったが、「目の前にいる子どもたちの世話を、自分がやらないで誰がやる」との強い信念が夫妻を支えた。

後には農繁期保育園を行い、地元の子も受け入れてきたことで、子ども同士の融和が生まれ、次第に地域の理解を得ることができた。

児童福祉法施行から4年後、52（昭和27）年に念願だった養護施設「合掌苑」を寺の隣に創設した。苑長となり、1歳から18歳まで、30人定員で受け入れた。

合掌苑（昭和52年撮影）　合掌苑40周年記念誌より

昭和40年代までは職員も苑に住み込み、生活を共にした。大家族の長として、幹翁夫妻は子どもや職員から、親しみを込めて合掌苑のお父さん、お母さんと呼ばれていた。

その後も入所依頼は増え、建物を大きくし、40人、50人と定員を増やしていった。

施設長として、福祉諸団体の長として、当時の劣悪な児童福祉の状況を改善すべく、予算の確保や補助の申請など、国や県との折衝を粘り強く何度も繰り返し成果を挙げた。

79歳で苑長を退任するまで、施設長として、僧侶として、休む間もなく働いた。幹翁の功績に対し勲五等瑞宝章が贈られている。

２００１（平成13）年に遷化した幹翁をしのぶ「幹の会」には数十人の元苑生と旧職員らが集まり、旧交を温める。

現在６００人の子どもらが苑を巣立った。父親、母親となり一家をなし、職場において指導的な立場で活躍する人も多い。また、人生につまずいた時に苑を訪れる人もいる。たくましく成長した子どもたちを、合掌苑のお父さん、お母さんは今も見守っている。

（平成23年5月27日掲載　河合浩司）

愛情に徹して全国制覇

常識にとらわれず指導

教師　山下義男　郡上市

1970（昭和45）年8月、新聞の見出しに「やったぞ山の子」の文字が躍った。全日本バレー中学生選手権で八幡町立口明方《くちみょうがた》中学校（現郡上市立八幡中学校）の男子バレー部が優勝。顧問の山下義男《やましたよしお》が部をつくって6年目の快挙に、八幡駅には500人の町民が詰めかけてその帰りを祝った。

1926（大正15）年、義男は郡上郡弥富村（現郡上市大和町）で教員をしていた甚之助の次男として生まれた。笠松工業高校（現岐阜工業高校）を卒業した義男は東京瓦斯株式会社勤務、横浜での醤油製造会社経営を経て実家に戻り、勧められて青年師範学校に入り、卒業して教員となった。

義男は郡内3校に勤務した後、64（昭和39）年に口明方中学校へ異動し、38歳で男子バレー部を立ち上げた。

創部当時は練習をサボってソフトボールで遊ぶような部員もいたが、義男はアイスクリームやパンを買ってやり、合宿では食事の世話もした。練習で暗くなるとバスで帰らせ、遠征の宿泊先や交通手段も自分で整えた。バレーのためには手間も時間も出費も惜しむことがなかった。

1970年全国優勝の口明方中学校男子バレー部（左端が山下義男）　山下家提供

この頃、郡上には石徹白《いとしろ》中学校（現白鳥中学校）の船戸鉄夫など熱心な顧問がおり、経験のない義男が郡大会で優勝するのに3年を要した。当時を高瀬晴夫（東海小学生バレー連盟理事長）は「先生がランニングシャツを染めてユニフォームを作ってくれた。練習は厳しかったけどバレーを好きにしてくれた」と振り返る。

郡大会優勝で勢いに乗った口明方中学校バレー部は、69年度は東海大会、70年度は全国大会まで、2年間すべての公式戦で無敗を記録した。その中心選手であった清水完正

（新日鉄名古屋）は「先生の前ではごまかしが通じず怖かった。技術でなく気持ちが大事と教えてもらった」と思い起こす。

義男はレシーブ専門の小柄な選手をスタートから起用し、バックアタックも早くから取り入れた。実業団でリベロやバックアタックが導入される20年も30年も前のことである。考えてプレーすることを生徒に求めた義男は、自らも考えた指導をし、常識にとらわれなかった。

義男はいつも「お前たちはできる」と声をかけ、しもやけで腫れた部員の手をさすって励ました。「試合に行くと監督に怒鳴られたり叩かれたりする対戦相手がかわいそうだった」と当時の選手は言う。

義男の家族が寄付したボールを持つ子供たち

全国優勝の翌年4月、義男は白鳥中学校に異動したが、休日には白鳥と口明方の二つの中学校のバレー部を指導した。その夏、口明方中学校は全国ベスト8、白鳥中学校は岐阜県3位となった。口明方中学校の主将鷲見典恭（郡上市立高鷲中教諭）は「生徒のためにこんなにやってくれる先生がいたことが衝撃だった」と言う。

教え子を練習に呼んで成果を上げるのも義男流である。76（昭和51）年、和良中学校に異動した際にも白鳥中学校の教え子本多広国（日本バレーボール協会科学研究委員会委員）らを練習に呼び、その姿にあこがれた和良中学校の子どもたちは3年目に県大会で優勝した。

こうして育てた教え子の多くはバレーボールを続け、今も社会人指導者や教員として活躍している。

82年（昭和57）年3月、義男は56歳で退職したが、三つの中学校の教え子が義男の70歳を祝う「山下会」を開いたことは、義男を支え続けた妻友子や家族にとっても大きな喜びとなった。

「山下先生に感謝していた父が、入院先で先生と同室になった」と驚くのは白鳥中学校で全国ベスト8を経験した鷲見昭二（美濃市立牧谷小校長）である。義男は、教え子のかける声に応えられないまま11（平成23）年の春、84年の人生を閉じた。

告別式には40代、50代になった教え子が駆けつけた。人生の師と仰ぐ義男への思いが込み上げる別れとなった。

（平成27年12月25日掲載　小野木卓）

自信持つまで徹底指導

強い探求心で専門家に

教師　船戸鉄夫　郡上市

石徹白《いとしろ》大杉の前で、すがすがしい表情を浮かべる男性がいる。スポーツを通して山間の子どもたちに自信を持たせようと熱血指導をした船戸鉄夫《ふなとてつお》である。

1929（昭和4）年、鉄夫は大阪市南区（現中央区）の製紙原料商を営む船戸家の五男として生まれた。「淡路島の立体模型を作って展覧会に出すようなコツコツ作業のできる兄だった」と加茂郡川辺町に住む弟の船戸進は言う。

船戸鉄夫

鉄夫は小学校の先生の勧めで進学し、44（昭和19）年、15歳で大阪天王寺師範の予科に入ったが、戦火を避けて親の実家があった岐阜へ疎開し、岐阜師範を卒業した。

49（昭和24）年、19歳で吉城郡（現飛騨市）の山田小学校に赴任すると、鉄夫は組合活動に打ち込み、教育委員会の辞職勧告に抗議したハンガーストライキの様子が岐阜タイムス（現岐阜新聞）に写真入りで載ったという。

石徹白大杉に憩う船戸鉄夫　親族提供

その気概を見込まれ、鉄夫は20歳で帷子《かたびら》村（現可児市）の小学校に移った。その後、白山登山で訪れた石徹白が岐阜県に合併されるのを知り、29歳で希望して石徹白小学校に赴任した。

鉄夫が石徹白中学校に移ったのはその3年後で、「部活で自信を持たせ、地区の外に出ても委縮しない生徒にしよう」と教師が話し合ったという。

当時の石徹白中学校は学年30人程度の小規模な学校であったが、女子バレー部は、船戸の指導で何度も県で優勝。スキーでは、選手として幾人も高山の高校へ進学させ、地元の高校で活躍するスキー部員も多く育てた。

鉄夫にはバレーやスキーの選手経験はない。本や雑誌で調べ、他の指導者から学んだことを練習に取り入れた。そして生徒ができるようになるまで時間をかけて指導した。

就職の予定を変更して高山の高校へ進み、大学を経て高校体育教師となった方井《かたい》（旧姓上村）正隆は、「石徹白から遠征に出る時に米を持参していたあの頃、僕らが使う何種類もの（距離スキーの）ワックスは船戸先生が買ってくれた。先生なしに今の自分はない」と言い切る。

73（昭和48）年4月、石徹白の人々に惜しまれる中42歳の鉄夫は高鷲《たかす》中学校に異動した。郡上市高鷲で林業を営む仲谷《なかや》大介は「2年になる時に船戸先生が来たからスキー部に入れてほしいと言ったら、『バレーもやれ』が返事だった」と言う。

当時、中学のバレーは屋外での練習が多く、雪で練習ができない高鷲中学では、春から秋にかけての練習が長時間に及んだ。だが、「だんだん強くなっていって県内では負けたことがなかったし、船戸先生はパチンコが得意で景品のチョコレートが楽しみだった」と山川弘保（郡上市民病院医師）は懐かしむ。

鉄夫が指導した8年間、高鷲中学校男子バレー部は毎年県大会に出場し4回優勝。中谷や山川の学年は全国大会ベスト8まで勝ち進んだ。男子と共に鉄夫が指導した女子バレー部もその間に県2位2回、3位1回の実績をあげた。

90（平成2）年、白鳥中学校を最後に退職した鉄夫は石徹白公民館長として18年間地域に尽くし、敬老会など事ある毎にたくさん写真を撮って贈った。白山登山道の道刈りボランティアを始めたのもこの頃である。

13（平成25）年8月、鉄夫は、石徹白の人々に看取られて83歳の生涯を閉じた。

9人制から6人制に移行した中学校バレーの流れをとらえ、バレー王国郡上の一翼を担った鉄夫を支えていたのは、旺盛な探究心と、常に前へ進む実践力であった。

（平成26年12月26日掲載　小野木卓）

県史編集に力を注ぐ

先導的な試みに挑戦

教育者　船戸政一　関市洞戸

船戸政一

「談論会では最近どんな人物を取り上げたのかね。会員の記事を読むのが楽しみやわ」。ふっとこんな言葉が掛かりそうな気がしてならないが、船戸《ふなと》政一《まさいち》先生が亡くなられて1年が過ぎた。

岐阜県史の編集をリードし、郷土史研究に多大な業績を残すとともに教育行政のトップリーダーとして先導的な試みを精力的に推進された先生を失った影響は甚大である。

先生は1929（昭和4）年、武儀郡洞戸村（現関市）に生まれた。豊かな自然の中で健康かつ聡明に成長し、岐阜大学に進んだ。大学では生涯の師との出会いがあり、歴史学の研究に打ち込んだ。卒業後、教職に就き、稲北中・長良中で指導に当たったが、得意とする歴史の授業の熱血ぶりが評判となった。

63年、置県百年を記念して『岐阜県史』の編集事業が始まった。恩師吉岡勲編集室長の要請があり、翌年、編集委員に加わった。67年には室長が退任、まとめ役の重責を担うこととなった。そして73年、22冊の全巻が完成し、昭和の『岐阜県史』編集の大事業が終わった。この偉業も9年間全身全霊を傾注した先生無しではなし得なかったものである。

郷土史研究のバイブルが出来上がったが、一方で収集された膨大な資料の整理および各地に散在する資料の保存の重要性が叫ばれ、岐阜県歴史資料館建設が発案された。その準備室長として3年間かかわり、77年、不破郡垂井町立宮代小学校長として学校現場に戻った。3年後、岐阜市教

『岐阜県史』通史編全９巻（史料編含め全 22 巻）

岐阜県歴史資料館（岐阜市夕陽ヶ丘）

育委員会学校教育課で教育行政の仕事に就き、その後は、岐阜県教育センター次長、東濃教育事務所長、岐阜教育事務所長などを歴任、県内の教育行政をリードし続けた。

退職後、90（平成2）年に関市教育委員会教育長に就任し、3期12年間関市の教育を導いた。その間『関市史』の編集、生涯学習のまちづくり、全国子ども作品コンクールなど全国、岐阜県を先導する教育事業を展開した。また、専門の郷土史においては、平成の『岐阜県史』編集委員長職務代理、岐阜史学会代表などを務め、事業や研究の中心で進むべき方向を示し続けた。

ところで、われわれ「中濃史談論会」と先生の縁は、98年に先生の呼びかけで中濃地域の近現代の人物を取り上げ、その業績や生き方を新聞記事として紹介する取り組みから始まった。少人数のささやかな会で、月1回土曜日の夜7時に集まり、原稿を検討する作業を続けた。この成果は『今を築いた中濃の人びと』という本にもなっている。

公職を退かれてからも郷土史関係はもとより、岐阜モンゴル文化協会会長、岐阜県文化財保護協会会長を務めるなど各界から指導を求められ、多忙な日々を過ごしておられたが2010年末、体調を崩された。年が明けて見舞いをした折には、既に意思表示ができない状況であった。奥さまが「話しかけてください。相手の話は分かるようです」と言われ、近況を話す中、「談論会は続けています。また、先生のお考えを聞けるのを楽しみにしています」と告げると、突然先生の目から涙がこぼれ、顔をゆがめられた。まだやりたいこと、語りかけたいことをいっぱい持ってみえることを痛いほど感じた。

岐阜の地を愛し、郷土史・教育の先達を務められた先生の情熱に応えられるよう努力を怠ってはならないと強く感じている。

（平成25年5月31日掲載　勝山樹由）

保育に愛、生涯貫く

母親カウンセリング開催

教育者　亀山祖道　関市

2009（平成21）年3月、小金田《こがねだ》保育園長亀山《かめやま》祖道《そどう》は地域の支えに深く感謝しながら創立50周年記念式典をやり遂げた。しかし、既に再発した癌《がん》と闘っていた。

翌10年の卒園式には病院から駆けつけ、酸素吸入をしながらひとりひとりに卒園証書を手渡した。子どもを愛する心と園長としての責任感が祖道の体を支えたが、その2週間後に76年の生涯を閉じた。

亀山祖道

祖道は1934（昭和9）年、茨城県筑波郡豊里町（現つくば市）上郷の大農家に生まれた。4歳の時に病により頭髪を失った。両親は全国の名医を訪ね歩いたが、原因は不明で治療のすべが見つからなかった。そして、このことがその後の祖道の心に陰を落とすこととなった。

53（昭和28）年に上郷農業高校を卒業すると、父親の薦めで関市小屋名《おやな》の観修寺住職亀山祖関の養女となり得度《とくど》した。その後、保母資格を取得し、56年から坂祝《さかほぎ》町黒岩保育園に勤務した。

当時、小金田地区には保育施設がなく、保護者が安心して働くことができ、子どもが安全に過ごせる環境の整備が急務であった。そこで関市議会議員亀山元一と祖関が中心になって、59年に小屋名季節保育園を開園した。本堂の一部を改修し、境内を運動場にした手作りの保育園であった。

翌年、小金田保育園の認可を得ると祖道は主任として基礎を築いた。64年、現在の場所へ移転し、69年に社会福祉法人の認可を得た。

82（昭和57）年、園長に就任すると一層の経営手腕を振るい、保育に邁進《まいしん》した。

しかし、順風満帆にあっても祖道は、幼いころからの頭髪への劣等感をぬぐい切れず、人とかかわる時にどこか警戒心をもっていた。そんな中、自分と全く違う生き方をする保育園隣人の古川益子と出会った。益子は敬虔《けいけん》なクリスチャンであった。

二人は互いに尊敬し合う仲になり、祖道は益子に心のすべてを開いた。そして、かけがえのないありのままの自分を受け入れるようになった。同時に子どもひとりひとりに

亀山祖道が「ひとりひとりに愛を」を実践し続けた現在の小金田保育園正門

向き合う保育への揺るぎない確信を得た。常に子どもの心に寄り添い、子どもの言葉の奥にある思いに耳を傾けた。

90年代に入ると少子化や核家族化で母親の育児ストレスや悩みが増加し、子どもに与える影響も大きくなっていた。この問題に向き合っていた祖道は、後に各地で開催されるまでに発展する母親カウンセリング教室を全国で初めて開催した。

葬儀の日、祖道の棺は小金田保育園に立ち寄った。子どもたちは「ありがとう」と斎場へ向かう園長先生をいつまでも見送った。人々の生活が豊かになるとともに子どもを取り巻く環境が大きく変化する中で、「ひとりひとりに愛を」を実践し続けた保育人生であった。

（平成22年10月29日掲載　村井義史）

教護院の活動に生涯

「非幸少年」の可能性訴え

教育者　小野木義男　川辺町

小野木義男

小野木義男《おのぎよしお》は、1937（昭和12）年に加茂郡川辺町《かわべ》に生まれ、父親の戦死により極貧母子家庭で少年期を過ごし、苦学により中部社会事業短大（現日本福祉大学）を58年に卒業した。大学の恩師に紹介された教護院（現児童自立支援施設）三重県立国児学園長内山太郎《うちやまたろう》の「私と一緒に苦労しませんか」との言葉がけを意気に感じ、61年に就職した。

国児学園は1908（明治41）年の創立以来、小舎夫婦制を取り入れていた。

義男は母の君子《きみこ》と4年間、65年に典子《のりこ》と結婚して退職までの33年間、寮舎に住み込み、10人前後の少年たちと生活を共にした。娘3人もこの寮で育った。

経験もなく23歳で飛び込んだ教護院は、昼夜なく逃走する少年たちを連れ戻す毎日であり、少年たちを殴ったり蹴ったりすることが珍しくなく、戸惑うばかりであった。問題が起きると、時には同僚と夜を徹して議論し、内山から教護の神髄を深く学んだ。

国児学園勤務での非幸少年と共に生きた37年間を綴った著書。左は妻典子が遺稿をまとめた第2版

義男は共に暮らし、痛みや喜びを共感する中で、少年たちの心の叫びに耳を傾けた。彼らは学力がひどく遅滞し、勉強ができないことで自信を喪失していた。これがかつて学校でつっぱっていた彼らのもう一つの姿でもあった。義男は彼らの自信回復に奔走し、全国の教護院の中でもユニークな活動を展開した。

68年から始めた「ぼくらの写真展」は30年間続いた。中学3年生にカメラを貸与し、指導は一切せず1年間自由な発想で写真を撮らせ、年度末に彼らの手で作品展を開いた。経験や美術の成績とは全く無縁の新鮮な感性はプロをも驚かせた。

また、94年から始めた全員参加の和太鼓は市民の話題となり、出張演奏の機会が多くなった。彼らの机に向かうときとは比べものにならないほどに生き生きとした目や動きは、一人一人を価値ある存在として認め合う教育のあり方を示唆した。

84年から園長になった義男は、国の制度変更による交替勤務制に大きな危機感を抱いていた。世間から認知されない教護院の教育に自問自答を重ねながらも、教護院にこそ教育の原点があり、小舎夫婦制に勝るものは他にないという信念は揺るがなかった。

98年の退職後、青少年問題のエキスパートとして全国各地で講演を行い、1000回を超えた。特に、少年期を過ごした故郷への思いは強く、岐阜県での講演会には快く駆けつけた。そして、家庭や教育問題を背景に非行を繰り返し、居場所をなくした少年たちを「非幸少年」と呼び、彼らに無限の可能性があることを訴え続けた。

2005（平成17）年5月、肺に異常が見つかり、余命半年を宣告されたが、義男は新聞をにぎわす子どもの事件に11月6日の最期まで心を痛め続けた。

典子は「子どもが子どもらしく振る舞える世の中を何としても取り戻したい。それが、『私にあと2年ください』とまで主治医にお願いした主人の遺志であり、悲願であったと思う。『生まれ変わってまた二人で寮舎をもちたい』と病床で話してくれた」と語る。

義男は国児学園で870人余の少年少女と出会い、卒園後も彼らのよき相談相手であり続けた。立派な社会人として、父親や母親として成長している姿を見るとき、この仕事の冥利《みょうり》に尽きると著書で述べている。「非幸少年」に自ら「幸」を獲得する力を育み続けた教護人生であった。

（平成24年10月26日掲載　村井義史）

第四章　伝える

よさや伝統を守り伝える

先人が育んだ心、文化、伝統を慈しみ、
守り伝えた人々

今も続く会津との絆

義を貫いた凌霜隊副長

義士　速水小三郎　郡上市

福島県会津若松市の飯盛山は、戊辰《ぼしん》戦争の際、会津藩士の子弟（16、17歳の少年）で編成された白虎隊が自刃し果てた地である。その地に郡上藩（現郡上市）凌霜《りょうそう》隊副長速《はや》水《み》小三郎《こさぶろう》（行道）の言葉「道ハ一筋ナリ」が刻まれた石碑がある。勤皇か佐幕か揺れ動く幕末の動乱期、小三郎ら凌霜隊は会津藩と共に徳川幕府への義を貫く道（佐幕）を選んだのであった。

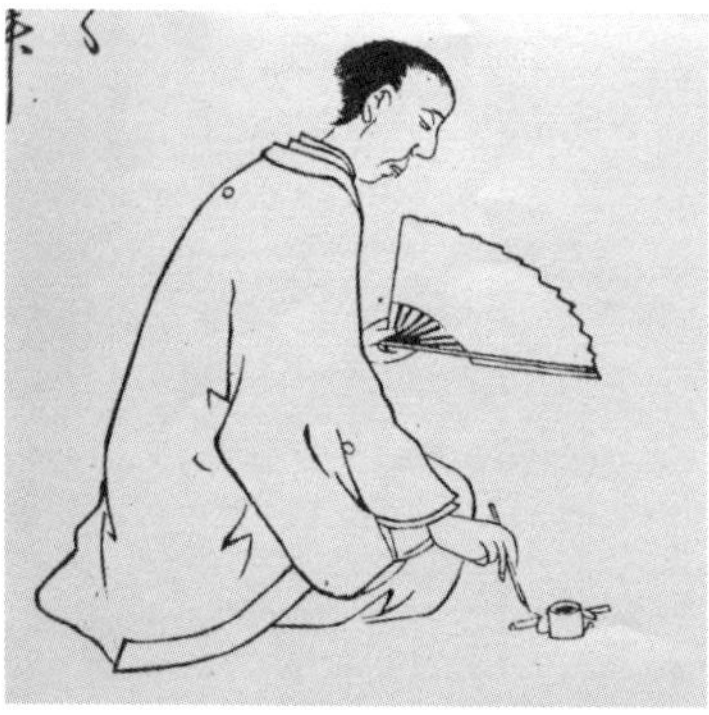

速水小三郎肖像画
『速水行道翁』太田成和著より

　小三郎は、1822（文政5）年に江戸で生まれた。父祖より江戸詰め郡上藩士として藩主青山氏に仕え、幕末には藩の重職である御用人となった。また和漢の学にも通じ、幼い藩主の教育係でもあった。

　68（慶応4）年、鳥羽伏見の戦いで将軍徳川慶喜は薩長連合軍に敗れ、戊辰戦争が始まった。西郷隆盛を参謀とする政府軍は江戸に迫り江戸無血開城となった。この幕府存亡の危機に、郡上藩は勤王の立場で政府軍に従ったが、小三郎らの江戸藩邸は強硬な佐幕行動論で沸騰していた。

郡上八幡城

　そこで江戸家老の朝比奈藤兵衛は、17歳の子茂吉を隊長に凌霜隊を結成し、佐幕派の中心地会津を救援することに決し、同年4月、隊士45名は江戸を出て関東各地を転戦した。その間、小三郎は使節となり凌霜隊を会津藩に付属させ、やがて副長（参謀）として会津戦争までを戦うこととなる。

同年9月6日、政府軍の追撃を受けた凌霜隊は、会津若松城に入り白虎《びゃっこ》隊とともに西出丸を守った。同月14日、政府軍の総攻撃を受け「昼夜間断無ク大小炮打掛、御城所々破損ニ及ビ」、22日「終ニ御降伏ニ相成候」と小三郎は日記に記録した。

その『速水日記』の中で、小三郎は会津戦争を総括して凌霜隊の「道理」を説いた。それが冒頭の「道ハ一筋ナリ」であり、続けて「君ニ忠ナルハ親ニ孝ナリ、皇国ノ御為ナリ、真ノ勤王ナリ」と凌霜隊の行動にこそ義があるとした。この小三郎の思想は隊の精神的支柱となった。

凌霜隊の碑

敗軍の凌霜隊士は、政府軍の命令で郡上へ護送され、赤谷揚屋《あげや》（獄舎）に入れられた。その環境は劣悪で多くの疾病者が出た。城下寺院の嘆願で長敬寺に移され後に自宅謹慎。放免されたのは70（明治3）年のことであった。その前年、五稜郭の戦（現函館市）を最後に戊辰戦争は終結し、時代は大きく変化していた。

しかし旧隊士への藩の待遇は冷たく、郡上を去る者も多くいた。小三郎も正雄と名を改め岐阜町（現岐阜市）に出て伊奈波神社の神職となった。西南戦争で西郷隆盛が没した77（明治10）年には東京に出て宮内省に勤務した。このころから万葉集や源氏物語などの研究に没頭し数々の著作をなした。中でも『速水日記』は、同じ隊士の矢野原与七の手記『心苦雑記』と共に、今では凌霜隊をめぐる幕末史を語る貴重な史料となっている。

96（明治29）年、小三郎は75年の生涯を閉じたが、凌霜隊の精神は不撓不屈《ふとうふくつ》の精神や実直な生き方などを尊重する「凌霜の心」となり、今も郡上市民に受け継がれている。また、2011（平成23）年3月11日に発生した東日本大震災の際、郡上市民は会津若松市に住宅、医療等への義援金や物資を送った。小三郎らが結んだ郡上と会津との絆は、今も生きているのである。

（平成27年3月27日掲載　髙木和泉）

関ケ原の戦いを著す

実地精査で史実を編集

郷土史家　神谷道一　可児市

関ケ原の戦い。誰もが知っている1600（慶長5）年9月の天下分け目の合戦だが、戦いの詳細を正しく知ることができるのは、神谷《かみや》道一《みちかず》の著した『関ケ原合戦図志』によるところが大きい。

神谷道一　『久々利村誌』より

道一は1823（文政6）年、可児郡久々利村（現可児市）に久々利藩主で旗本千村《ちむら》家の家老神谷道孝《みちたか》の長男として生まれ、簡齋と号した。

16歳の時、尾張藩の儒学者丹羽磐恒《にわいわつね》の下で学び、2、3年後には磐恒門下の逸材とまで言われるほどになり、20歳の時に師が病死した後、郷里に戻って子弟の教育に当たった。

54（嘉永7）年、千村家の家老格となって幕末の世情に備え、家臣に西洋砲術を学ばせ砲兵隊を整えた。

67（慶応3）年には幕府の政権返上に際し、道一は藩主に大義名分を説き、旗本でありながら官軍に味方することに決した。戊辰《ぼしん》戦争の際には越後長岡に出兵した千村隊の隊長として功を立てた。

維新後の75（明治8）年には岐阜県に出仕し、史誌編集の任に就いた。

79年に郡制が敷かれると、道一は初代可児郡長《ぐんちょう》に任じられ、さらに恵那郡長、飛騨郡長を歴任し、主に地方の道路整備と農業振興に努めた。還暦で辞任した後は岐阜の金華山ろくに居を構え、郷土史の研究に専念した。86年、小崎利準岐阜県知事を訪問した折、県内の関ケ原が慶長の大戦地であるにもかかわらず、合戦に関する文献は徳川氏の盛時にまとめられたもので、史実を正確に伝えていないことに話がおよび、小崎知事の勧めもあって戦史を編集することを決意した。

道一は古来より関ケ原の戦いについて書かれた数多くの文献にあたり、虚を捨て実を取る作業を積み重ねた。また、古い合戦図はどれも1枚であり、合戦の景況をすべて表そうとするのには無理があることから、最初の布陣図から終局に至るまでを数段に分けて、進退の変化を示していくことを試みた。

それに加え、史跡がそのままの形で残っているところは、実際に現地を歩いて証左を得るのが最も大切だと考え、関ケ原を前後20数回にわたり実地精査した。その様子は地元の人らから「測量の隠居」と言われるほどであった。

7年にもわたる地道な調査研究の末、ついに道一は開戦経緯編25巻を編集し、それを基に92年、『関原合戦図志』を著した。図を示しながら、公正な立場で戦況を詳述した良書となり、以降の関ケ原合戦史研究の礎を築くものとなった。

この後、道一は美濃国の歴史地誌をまとめた『新撰美濃志』を刊行したが、１９０４（明治37）年、81歳で病没した。

（平成22年1月22日掲載　早川克司）

美濃派の蕉風を継承

支社「万歳社」の盛り上げに貢献

俳人　長屋基馨　関市洞戸

関市洞戸地域事務所の北西にあるドイ山にたくさんの石仏や石碑が集められている。その中に自然石に彫られた俳聖松尾芭蕉の句碑

山里は
　万歳遅し
　　梅の花

洞戸の生家に残る
長屋其馨の像

がある。

蕉門《しょうもん》の十哲《じってつ》（代表する弟子）のひとり各務支《かがみし》考《こう》の開いた美濃派（獅子門）は美濃地方を拠点に、北陸、西国、東北の都市や農村に勢力を広げ、支考の理解する芭蕉の俳風を全国に普及していった。その道統《どうとう》（一門の統率者）27世を継いだのが、洞戸の長屋其馨《ながやきけい》（＝俳号）である。

ドイ山にある芭蕉の句碑

其馨は1843（天保14）年、生糸問屋甚平の長男として生まれ、幼いときから家業を手伝い、読み書きそろばんに優れていた。父が句会の会主を務めていた事もあり、教養としての俳句をたしなんだ。家業を継いで数年後、74（明治7）年、生糸の価格が暴落しはじめた。横浜へ生糸を送り商いを続けたが、何度送っても悪化するばかりで、ついに商売から手を引いた。その後、俳諧の世界に没頭するようになった。

ところで洞戸には、天保年間に、松雲院住職で俳人の梅枝坊《ばいしぼう》によって、美濃派の支社である万歳社《まんざいしゃ》が結成された。名前の由来は洞戸の山里にふさわしい、冒頭の句にあると考えられる。万歳社は、寺に奉納額を掲げるなど活発に活動を行った。其馨も俳句の盛んな洞戸で仲間を指導すると

ともに、美濃派の道統から直接指導を受け力を磨いた。

そして1904（明治37）年に、21世から道統補佐を命ぜられ、認証状が贈られた。その後も、美濃派ゆかりの地との交流を深めるため、周防、長門、石見から九州に渡り肥前、肥後など西国方面に普及の旅に出た。途中病に倒れ、200日余り現地に留まって療養することもあった。病が癒えて美濃に帰り、獅子庵（岐阜市北野）で1年繰り延べの支考の百回忌の法要を主催した。さらにその追善集として『名の木の夢』を出版するなど、主要な事業を一身に担った。

13（大正2）年に獅子庵にある歴代道統鑑塔周辺の整備、玉垣造り記念の俳諧集『梅の玉垣』を刊行し、27世道統を継承した。翌年道統継承の儀式である立机式が行われ、記念として『月と花』が刊行された。その時、寄せられた祝いの句が906句あり、中には米国、朝鮮に住む人々も寄せている。

17年に前四代の道統らの連塔を建立し、獅子庵のある大智寺において建碑式、追善の法要を行った。長年万歳社を基盤に美濃派の発展に尽くしてきたが、18（大正7）年、75歳で亡くなった。

其馨の代表作である、自宅と獅子庵に建つ句碑

凩《こがらし》や
鐘の音近く
又遠し

其馨の作風は身近な情景を親しみやすく表現したものが多く、人柄を如実に表している。また、彼を慕って集まった弟子は、千人はいたと言われている。

長屋家にある其馨の句碑

晩年は武芸川の山田三秋（29世）を育て、後継者の育成にも力を入れた。其馨が育んだ俳句の文化は洞戸の山里に根付き、その後、34世武藤景行を輩出した。

現在も洞戸俳句会が結成され、作句の活動が続けられている。その会員は学校を訪問して、子どもたちにも俳句のすばらしさを伝え、其馨の意思を今に伝えている。

（平成25年8月30日掲載　後藤章）

県剣道の強化に尽力
青少年の人間形成図る

剣道家　坂井賢一　富加町

坂井賢一

富加町で毎年7月末、剣道範士坂井賢一《さかいけんいち》の功績をたたえて創設された中濃地区剣道大会が開催される。2009年で44回を迎えるが、近年は120を超えるチームが参加しており、地域の大会としては最大規模である。

1888（明治21）年に羽生村（現富加町）の農家に生まれた賢一は少年時代より剣術を志し、18歳の時に上之郷村井尻（現御嵩町）の講道館道場で河田諒介《かわだりょうすけ》の指導を受けた。5里ほど離れた道場に通うことは困難を極めたが、長州出身の明治の剣豪河田から学んだ実践剣道は賢一の剣道人生を決めた。

顕彰碑。裏面の碑文末には「ここに教え子相図り　7回忌に当たり顕彰碑を建て遺徳を永く敬慕す　昭和45年9月」と記されている

やがて名実ともに備わる剣道家となった賢一は1924（大正13）年、剣道による青少年の人間形成を念願し、自宅敷地内に私費で道場を建てた。究道館《きゅうどうかん》と命名した道場には、村内外から青少年が数多く集まり、夜遅くまでけいこに励んだ。ここで修練した者たちが後に岐阜県を代表する剣道家となった。

26年には剣道の一層の深化を図るため上京し、有信館道場で大正・昭和の剣聖といわれた中山博道範士に居合道を師事した。賢一は自らの修業とともに居合道の普及にも尽力し、その礎を築いた。

敗戦により、45（昭和20）年に武道が禁止された。「庭に穴を掘って数多くの防具を燃やした。厳格な祖父が、灰の中に残る面金《めんがね》を寂しそうに拾う姿が目に焼き付いている」と、当時8歳だった孫で富加町長の坂井弘道は語る。

その後、社会体育として剣道が復活し、52年に岐阜県剣道連盟が結成されると初代理事長として力を尽くした。その功績により、全日本剣道連盟から剣道範士を授与された。

65年の岐阜国体開催に向け、「中濃で剣道を」との熱意が実を結び、会場が刃物のまち関市に決まると強化委員長として岐阜県剣道の強化に努めた。孫の吉田正武が教員の部で活躍し、岐阜県が総合優勝を手にするが、その輝かしい日を前に64年に急逝した。剣道一筋に生きた78年の生涯だった。

教えを受けた多くの者たちが集まり、1970年に顕彰碑を建て賢一の遺徳を刻んだ。

究道館は伊勢湾台風で倒壊したが、時を経て88年に孫で館長を務める坂井康彦が再興した。賢一の志は受け継がれ、青少年の気合に満ちたけいこの声が今日も道場に響いている。

（平成21年1月23日掲載　村井義史）

人々の日常、絵巻に

失われゆく暮らしを記録

伝承者　高橋余一　美濃加茂市

高橋余一

昨年、ユネスコの世界記憶遺産に九州筑豊の炭鉱作業員だった山本作兵衛が描いた「炭鉱記録画」が登録された。日本初のことであり、炭鉱という特異な世界を生々しく描いた内容が話題になった。

その18年前の1993（平成5）年、美濃加茂市の高橋《たかはし》余一《よいち》が描いた「生活絵巻」が、市の有形文化財に指定された。

明治から昭和にかけての日常が記録された作品だ。さまざまな生業や祭り、年中行事、時代の流行もの、さまざまな習俗のありさまが自然な構図でとらえられ、淡い彩色で描かれ、説明の文が添えられている。

炭鉱記録画とは一線を画す生活絵巻に描かれているものは、当時の当たり前の営みであり、珍しくもなんでもない日常の記録である。しかし、それは誰の記憶にも残っているが、誰も記録してこなかった。

美濃加茂市指定有形文化財「高橋余一画生活絵巻」巻17
「子どもの遊び」　美濃加茂市民ミュージアム所蔵

記憶は消え去るもの。当時は当たり前でも、やがてなくなってしまう現代には、その内容が普遍的であるからこそ、貴重な記録といえる。

余一は1898（明治31）年、加茂郡古井村《こび》（現美濃加茂市）に生まれた。若いころ大阪に出て簿記学校へ通うかたわら、京都の絵画塾で日本画を学んだ。帰郷後は小学校の代用教員や会社勤めをした。定年退職後、病に倒れ自宅で療養生活を送ることになる。医者に散歩を勧められ、町内を歩くうちに、ふるさとの暮らしや文化を残したいという気持ちを強くする。

「老いてねがう幸とはうらはらに病に倒れる（略）そこで思いついたのがこの記録描き、どうせ描くなら真実をと資料通りに西し東する」。その冒頭で、彼は絵巻を描き始めた経緯を述べている。１９６２（昭和37）年のことだった。

第一次高度経済成長期の真っただ中、古井に高山本線のディーゼル基地が完成するなど、急速に変化するふるさとが、余一の心を揺り動かしたことが想像できる。彼は自らの記憶をたどり、そこかしこに出かけては調べ、得意の絵で記録し続けた。絵巻を描く上で、単に自分の記憶だけではなく、養蚕をしている農家へ取材をするなど、知人からの聞き取りを重ねている。そこには「失われゆく暮らし」をできる限り忠実に「記録」として残したいという意志が表れている。

絵巻が次々と描かれる中で、やがて近所の子どもに絵巻を広げ、余一自身が「語り聞かせ」をしたことが日記に書かれている。その姿には、懐かしい暮らしを昔話のように語る中にも、次の世代へ絵巻が受け継がれていくことを願う余一の心がうかがえる。

１９８４（昭和59）年、余一は86歳で没したが、その記録は遺族によって表装され、全19巻の絵巻に仕立てられた。総延長は50メートルを超える。

この絵巻は現在、美濃加茂市民ミュージアムで保存されているが、半世紀を過ぎ、歴史民俗資料としての価値はますます高まっている。

（平成24年9月28日掲載　熊﨑康文）

美濃加茂市指定有形文化財「高橋余一画生活絵巻」巻２
「米搗き　から臼」　美濃加茂市民ミュージアム所蔵

郡上おどりの隆盛築く

踊り洗練化、普及促進

郡上おどり保存会　野田光次　郡上市

「一口に言やあ、物好きが郡上おどりを守り続けてきたことになるんやな」。歩みを振り返り、こんなことを言った人がいる。その「物好き」で、隆盛の立役者の一人が「のだみつ」の愛称で親しまれた野田光次《のだみつじ》である。

光次は1901（明治34）年、郡上郡（現郡上市）八幡町で生まれた。子どもの頃から盆踊りが好きで、他の地区へも出掛け、踊るほどであった。

野田光次

野田富紗子氏提供

ところで、この明治期は、盆踊りが政府の近代化政策に逆行する「無益之事」として禁止令が出され、全国的に多くは消滅または衰退した。郡上八幡も決して例外ではなかった。

大正期に入ると盆踊りに変化が起きた。当時、唄とまれに入る太鼓で音頭をとっていたが、西川倉寿などによる舞踊「新川崎」（現在のかわさき）が三味線、鳴り物入りで創作され、後に芸妓《げいぎ》が改良普及を行った。さらには、民衆による郷土文化復興の機運が全国的に高まる中で、23（大正12）年に町の有志による「郡上踊保存会」が発足。その後の長年にわたる会員の努力とそれに応えた人々の協力が、今日の隆盛へとつながっていくことになる。

笛を披露する野田光次（昭和30年頃）

野田富紗子氏提供

29（昭和4）年、光次はレコード録音のため保存会の人たちと大阪に出掛けた。その折、現地の笛吹き師が吹いた音色の素晴らしさに感銘を受け、独自で笛を学び節をつけ、後に笛といえば「のだみつ」と称されるまでになった。今日の踊りでは「かわさき」「春駒」「三百」の演奏に笛が用

郷土文化誌「郡上」第2号（1972年）より抜粋

いられ、踊りに一層の華やかさを添えている。

戦後も郡上おどりは唄、演奏、踊りがより洗練され、49（昭和24）年には文部省主催全国民謡大会で日本三大民謡の一つとして推奨されるまでに至った。一例ではあるが、この大会に向け、従来「サバ」と呼ばれていた踊りを「春駒」と改め、片手だけの振り付けを手綱を引く体の両手に改めた。

光次は生花店を営み、華道の世界でも東池坊の師範代の第一人者として、東海地区を束ねる重職を担っていたが、ラジオやテレビに出演したり民謡団体と交流するなど、県内や中部圏にとどまらず東京、大阪などにも出向き、踊り客誘致の宣伝普及を保存会の仲間と推し進めた。

62（昭和37）年から4年にわたり、静岡県の御殿場で毎年10日ほど、体育教師や民踊団体の指導者を対象に、郡上おどりを指導した。光次は「春駒先生」と慕われていたという。手ほどきを受けた人々は、弟子や仲間を連れてバスや越美南線で郡上八幡を訪れた。

踊り場では毎夜、保存会の役員が審査を行い、上手な踊り手に免許状を発行している。これを発案したのも光次であり、「のだみつ流」の個性的な文字で書かれた免許状は、来場者にとって魅力であり、これを励みに稽古をする人も多かった。こうして踊りに魅せられた人がどんどんと増えていった。

86（昭和61）年に84歳で亡くなるまで郡上おどりの発展に尽くした光次の心意気は、今年の夏もたくさんの踊り手を郡上八幡に誘うであろう。

（平成24年1月27日掲載　河合浩司）

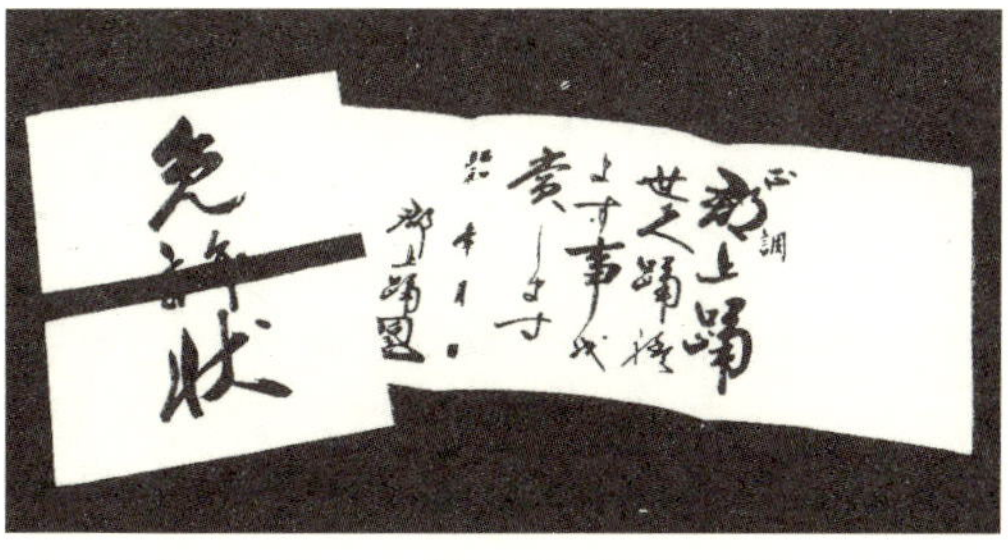

郷土文化誌「郡上」第2号（1972年）より抜粋

改良重ね郡上竿考案

鮎引き抜くしなり生む

竿師 福手俵治・安田幸太郎 郡上市

水量が豊富で流れの強い長良川上流域。今年も6月7日のアユ釣り解禁日から10月上旬まで、県内外の友釣り愛好家らが腕を競った。

友釣りは、長良川でも江戸時代には始まっており、今の形になったのは昭和初期だ。近代友釣りを確立した伊豆の漁師らが、全国にその技術を広めたと言われている。

大鮎を引き抜く郡上竿を作った福手俵治

当時の郡上の漁師らは、地域の竹を乾燥させて癖をとっただけの簡単な延竿《のべざお》を使っていた。そのため長さも短く、漁師が使うと1年ほどしか持たなかった。しかし、伊豆式の竿は継竿《つぎざお》で長さも4間《けん》ほどあり、本当に丈夫だったという。

そのころ、下川村相戸《あいど》（郡上市美並町相戸）に若い釣り師の福手俵治《ふくてひょうじ》（1903年生まれ）がいた。彼は伊豆式の継竿に興味を持ち、竿作りの基礎を八幡町（郡上市八幡町）の釣具屋「三原屋」で学び、長良川の激流から50匁《もんめ》（約190グラム）を超えるような大鮎を引き抜ける竿を目指した。

俵治が竿作りを始めて数年後、伊豆の漁師が隣の下川村深戸《ふかど》（郡上市美並町深戸）に移ってきた。俵治は、彼とは釣り師仲間として顔見知りだったため彼の工房へ通い、激流に負けない継竿を作る技術を学んだ。

このころ、八幡町に住む釣り師の安田幸太郎《やすだこうたろう》（1912年生まれ）が、俵治の元にやってきた。二人は継口に真ちゅうの金具を使ったり、4本継を5本継にしたりと改良を続け、郡上竿《ぐじょうざお》と呼ばれる竿に仕上げた。

「二人は一緒に愛知県まで出掛けて竿用の竹を切り出していたが、どちらも一刻者《いっこく》で相手の切り出した竹は性が悪く使い物にならないと言って使わなかった」と俵治の息子の福雄（１９３５年生まれ）は笑う。

二人が作り上げた郡上竿は、穂先が割りばしほどもある強いもので、鮎が掛かったときには、竿全体が手元まで曲がるしなやかさを持っていた。この郡上竿を使った郡上抜きにより、激流の足場の悪い瀬でも大鮎を釣り上げることができるようになった。

その後、竿は素材や製造技術の発達とともに変化し、竹製の郡上竿での友釣りは、今ではほとんど見かけることはなくなった。

郡上竿作りの技術は福雄に受け継がれているだけだが、その精神は主流のカーボンファイバーの竿であっても「郡上竿の抜き調子を最先端テクノロジーで再現」とうたうように、素材を変えても引き継がれている。

（平成21年10月23日掲載　横田稔）

刀の伝統美を追求

職人魂貫き通した名工

研師　板屋錠介　関市

研師の職人魂を貫き通した板屋錠介

刀の魅力、美をあくことなく追求し続けた研ぎの名工・板屋錠介《いたやじょうすけ》（本名梅五郎）は１９０９（明治42）年、武儀郡下之保村（現関市）に生まれた。

錠介は小学校卒業後、関で研師《とぎし》を開業していた義兄の天池勘一に弟子入りした。当時、仕事が少なく職業として成りたたないことを理由に両親は反対したが、錠介は刀に触りたい一心だけで将来の生活のことまでは考えていなかった。

20歳になるとこの道の名人になりたいと、東京の本阿弥流名人・服部善次郎に弟子入りを志願した。「見込みがあれば弟子にしてあげる」と言われた。義兄からは素質があると言われたが、不安を感じながら猛烈に勉強した。幸い服部の家には本阿弥流の達人が多く訪れ、修業する上でまたとない環境に恵まれていた。やがて、お客から指名で仕事がくるようになった。しかし師匠は、何振り研いでも「この研ぎはいい」とは決して言わなかった。

この頃から、彼は研師の道の難しさがわかってきた。そして33（昭和8）年、日本刀保存協会が開催した初の「刀匠、研師の展覧会」で特選に選ばれた。これで、この道でやっていけるという自信がつき、35年、錠介は名古屋で開業した。やがて仕事が軌道に乗り、「板屋」の名は関西でも知られるようになった。

その後、軍隊への召集を受けたが、39年除隊になり、中国から帰って来ると、各地からぜひ来てほしいという声がかかり、錠介自身驚いた。錠介は神社、仏閣が多い京都を選び、日本中央刀剣会関西指定研師の資格を得て仕事を再開した。京都では古い刀を研ぐことが多く、錠介の評価はさらに高まった。

ところが43（昭和18）年、再び召集を受け、終戦後もシベリアで抑留生活が続いた。

帰国後、49年に関市本町で開業したが、ほとんど仕事がなかった。その後、仕事も仲間も増え始めた。そこで仲間と日本美術刀剣保存協会岐阜県支部を設立した。やがて錠介の家は愛刀家や鑑定を習いに来る人のたまり場となった。

夜遅くまで続く刀談議に加わった井戸誠嗣《せいじ》（現関伝日本刀鍛錬技術保存会会長）は「人の持ち物(刀)をけねーちゃー(けなしては)あかん」「刀には刀匠の精魂がこめられており、非常に深い味わいがある。私たちの役目は、刀の持ち味を発掘して、多くの人に喜んでもらうことだ」というのが錠介の口癖であったと語る。また「研師は金銭を考えていては立派な仕事はできない、気に入れば何日かけても、いい刀に仕上げようとするもの」というのが錠介の持論で、常に職人として生きることに徹していた。

事実、錠介は家に研師とわかる看板を出さなかった。しかし大切な刀が次々と、仕事場へ持ち込まれた。また、関の刀剣業界が活動する時には、錠介はいつも中心にいた。

晩年は、娘夫婦と共に暮らして研ぎ三昧にふけり、84歳で研師人生を終えた。

（平成24年5月25日掲載　石崎文子）

埋もれた偉人に光

岐阜県人の足跡、後世へ

伝記小説家　中村正夫
関市

歴史の中に埋もれてしまった偉人に光を当てたい。特に郷土岐阜県の人物を後世に伝えたい。その熱い思いを生涯持ち続け、珠玉の伝記小説を数多く残した中村正夫《なかむらまさお》は、1914（大正3）年山県郡千疋《せんびき》村（現関市）に生まれた。

中村正夫

正夫は武義中（現武義高校）卒業後、満州国への憧《あこが》れが強く、39（昭和14）年に南満州鉄道に入社して約6年間を主にハルビンで暮らした。この間、測量技術を身につけ、鉄道マンとしての力量を磨く傍ら出張先にも本を持ち込んで鉄道知識を学び、将来は鉄道物語を書くことを夢見た。また日露戦争の激戦地である旅順の二百三高地も訪れ、文筆活動人の夢を膨らませた。

しかし、45（昭和20）年、終戦直前に妻子を連れて帰国することになる。その翌年に長男が3歳で病死、58（昭和33）年には経営していた土木会社が河川工事で、大きな損失を出して倒産するという悲しく苦しい出来事が続いた。その後コンクリートパイルを製造する工場を経営して再起を期した。やがてその家業も順調になると58歳になった正夫はついに伝記を記すという夢に向かって歩き始めた。89（平成元）年、正夫75歳にして最初の伝記小説『太刀風の音』を自費出版し夢をかなえた。この作品は西郷隆盛を敬愛し、明治政府の指導者にもなりえた河田諒介《りょうすけ》が御嵩町の東濃中学（現東濃高校）で剣道を通して人間味あふれる教育をする姿が生き生きと描かれていて読者を魅了する。この時の調査はすべて手弁当で県内はもとより東は東京から西は九州まで幾度も旅行した。また夜遅くまでコンクリートを乾かすボイラーの前で、調べた資料を見ては原稿を書くという苦難の創作活動であった。

正夫の父丈夫は『漢詩閑話』を記した漢詩人であり、その偉大な父を目標に創作への情熱を燃やし続け、豊臣、徳川に仕えた異色の武将『立花宗茂』などを出版。当時普及したワープロを独学で習得して執筆したという。そして86歳で『革命の星　川合貞吉』を発表した。これは大垣市出身の貞吉が独自の愛国論を持って戦前の中国へ渡り、革命運動に邁進《まいしん》した物語である。執筆にあたりマルクス思想を理解しようと『資本論』を読み込んだという。その著述にあたって、正夫の調査研究は一流の作家にも決して引けを取るものではなかった。また「家族旅行の行き先はいつも古戦場など史跡だった」と息子たちは笑う。

正夫は91歳まで執筆活動を続け、２００７（平成19）年死去した。青年期の夢を老年期に開花させたその生涯は、歴史の闇からその人物の輝きをよみがえらせる心躍る営みであった。

（平成22年12月23日掲載　高木和泉）

執筆の苦労話　「『太刀風の音』資料調査秘話」より

・1972（昭和47）年から78（昭和53）年まで、河田諒介と立花宗茂を調査した。この６年間は大変忙しい時期で、コンクリートパイル工場は工員不足のため正夫と妻も工員に混じって従事していた。そこへ、74（昭和49）年から菩提寺の本堂・庫裡の再建事業が始まり、85（昭和60）年までその手伝いをした。

・この６年間で、調査のために九州へ４回（立花）、山口県へ４回（河田）旅行した。工場は６月と11月は工員欠席で７日間休業となり、その間を利用した。他に、東京２回、京都１回、奈良１回、自動車の日帰りでは大津、敦賀、彦根、松代、桑名などへも旅行した。その他県内は郡上清見村、岩村、陶町、土岐津、大垣、揖斐川町、美濃加茂、御嵩、岐阜など、何十回と行った。殆ど日曜日は家ですごしたことがなかった。

・原稿を書くのは仕事を終えた夜間である。それもコンクリートを乾かすために11時までボイラーを焚くので、そこに資料や調査帳を持ち込んでボイラーのゲージを見ながら書いた。

・立花宗茂や河田諒介の調査は、いわば私の道楽趣味。道楽だから繁忙の中でも活動し得たと思う。旅費、ガソリン代、参考本の購入、諸方へのたびたびの手土産代など考えると実に高価な道楽であった。いつまでも終わらない調査への精力の消耗もあった。今は女房だけしか知らない。

うだつの町並み守る

伝統建築選定に尽力

郷土史家　内木　茂　美濃市

「美濃の歴史を語らせたら、内木先生の右にでる者はおらん」

美濃の町を訪れる観光客に商家のたたずまいを語る町並みボランティアの面々。その一人ひとりが、今も親しみを込めて先生と呼ぶのが内《ない》木《き》茂《しげる》である。町並みボランティアの会長であった茂は、進んで案内を引き受け、予定の時間を過ぎるほど熱く語り続けた。

うだつの町並みに立つ内木茂
家族提供

茂は1915（大正4）年、美濃市港町に生を受け、小学校卒業後、武義中学（現武義高校）に進んだ。中学には大学に行こうと懸命に勉強する生徒もいたが、茂は「どうしたら国の役に立てるか、どうしたら平穏に暮らせるか」ばかりを考えていたという。

そのような茂に、朝鮮（現韓国）に渡っていた小学校の恩師から手紙が届いた。中学を出たら朝鮮の京城師範学校（現ソウル大学）を受けてはどうかという誘いであった。

明治30年代中ごろの美濃市の町並み
美濃市教育委員会提供

この手紙に感化された茂は、中学を卒業した後、京城師範学校を受験し入学。そこで2年間勉強し、朝鮮半島南部の町で小学校教師となった。遊びといえば碁を打つくらいで、真面目がとりえの教師だったと茂は回想している。

教員となって8年ほどで体調を崩し、日本へ帰った茂には、当時の教え子が40年の歳月を経て幾人も茂に会いに来たことが大きな喜びであった。

帰国後、体調が戻った茂は再び教職に就き、最後は美濃北中学校の校長で退職した。美濃市の小中学校で現在も続いている手漉《す》き和紙の卒業証書は、茂が校長で赴任していた美濃北中学校で始めたものである。日本で最初の試みとして報道陣が毎年取材に訪れたという。

茂が本格的に町並み保存の活動を始めたのは1976

（昭和51）年の退職後である。その動機について茂は「朝鮮から戻り、日本で再び教職につくまでに家にあった歴史書を何度も読み、故郷の文化の素晴らしさを見直した」と娘の摂《せつ》に語っている。

美濃の市民による文化財保護の動きは、旧今井家住宅の保護など、昭和時代後半にも見られたが、自治会を巻き込んだ組織的な活動は、美濃の町並みを愛する会が93（平成5）年に発足したことに始まる。その初代会長となった宝勝院住職笹野玄晃は「ここで育った者には何でもない古い町並みを残す意味が分からん」という人達に協力してもらうのが大変だったという。町並みを守ろうと多くの市民が声を上げ、その中で茂は守るべき町並みの値打ちを語り続けた。

美濃の町並みの魅力は保存状態が良いこと、高い文化を生み出したこと、うだつに象徴される特徴ある町並みであることの3点だと、茂は著書で述べている。

美濃の町は関ヶ原の戦いの後、金森長近《ながちか》によって造られた。町づくりの名手であった長近が越前大野、飛騨高山に続いて最後に造った城下町で、水陸交通の便が良く、なおかつ洪水の禍《わざわい》を避けた位置に築いたのである。

当時の町家はすべて板葺《いたぶき》屋根で、防火対策としてうだつを上げる家が多くあったが、それらは家の両端の壁を屋根より一段高くして木製の覆《おお》いをつけた簡素なもので、延焼を防ぐには限界があった。実際、町ができて２００年ほどの間に5度、記録に残る大火に見舞われている。町民は家を火事で失うたびに、道幅を広げたり、うだつや屋根を瓦にしたりして防火に力を注いだ。

八幡神社の卯《う》の日祭りや町ごとの夏の夜祭りは防火の神様である秋葉様の祭りであった。また、町内には秋葉様の祠《ほこら》があり、お日待《ひまち》も秋葉神社の祭礼行事が起源といわれる。茂はこうした人々の暮らしの足跡を刻む町並みを残したいと願った。

町家の茶室や庭、火鉢や座布団を置いた商家の帳場《ちょうば》、江戸末期から明治にかけて名を馳せた村瀬藤城《とうじょう》やその子弟の書・絵画、からくり人形を乗せた山車《だし》や花みこし、さらには郷土芸能としての仁輪加《にわか》。この一つ一つが、周囲の広大な紙漉《かみす》きで暮らす集落によって支えられてきたものであり、美濃市全体の歴史文化遺産だと茂は感じていた。

１９９９（平成11）年5月13日、文化庁から重要伝統的建造物群保存地区選定の連絡が入ると、茂は「長近《ながちか》の優れた見識が今も生きていてよかった」と手放しで喜んだ。「私が死ぬまでには文化庁の選定をとりたい」が口ぐせになっていた茂の夢がかなった日である。

01（平成13）年、茂は最後まで病の苦しさを口にすることなく人生を閉じた。晩年も原付自転車で出かけて行って故郷の素晴らしさを語っていた茂。その志は町並みを案内する人々の言葉となって、今も町の中に生き続けている。

（平成24年6月29日掲載　小野木卓）

伝統漁法を守り継ぐ

小瀬鵜飼の魅力を広く伝える

鵜匠　足立芳男　関市

鵜舟の篝火《かがりび》が暗闇に映える古式ゆかしい小瀬鵜飼は、素朴な情緒で観客を癒やしてくれる。一千有余年の歴史を超え、古典漁法を守り継いだ鵜匠の一人に足立芳男《あだちよしお》がいた。

足立芳男

芳男は１９２１（大正10）年、鵜匠足立宮太郎の五男として武儀郡小瀬《おぜ》村（現関市）に生まれた。鵜匠は長男が継ぐのが常だが、芳男は子供のころから鵜飼が好きで、よく父親の漁について行った。小学校に上がる前、篝火を浴びて大やけどを負ったが、治るとまた鵜飼について行ったというから、よほど鵜飼が好きだったらしい。

その後、岐阜商業学校（現県立岐阜商高）を卒業して東京銀座の松屋呉服店（現松屋デパート）に就職した。１年後、海軍の軍属となって東南アジア方面に渡ったが、サイゴンで終戦を迎え抑留後、46（昭和21）年帰国した。ところが近衛兵で家業を継ぐはずだった兄の昌千《まさお》が戦死したので、芳男が鵜匠を継ぐことになった。

中鵜遣《なかうつか》い（鵜匠の補助）や船頭をかけ足で修業して、51年見習いから16代鵜匠になった。

当時、長良の鵜飼は観光鵜飼に軸足を移していたが、小瀬鵜飼は鮎漁を柱にしていた。芳男は「鮎漁あっての鵜飼じゃないか」と一本気な心意気で頑張った。

しかし、高度経済成長期に入ると、長良川の環境が悪化し、年々鮎が捕れなくなった。

そんな時、追い打ちをかけるように69年から、２年続けて長良川の鮎大量死事件が発生した。鵜匠頭だった芳男は小瀬鵜飼の伝統と漁民の生活を守るため、長良川中央漁協の被害対策委員長となってこの対応に日夜奔走、大量死の原因究明や対策に当たった。

こうした問題対策等に取り組んだが、小瀬鵜飼には経営的な課題も大きくなっていた。

鵜匠は宮内庁《くないちょう》式部職《しきぶしょく》という名誉職ではあったが、鮎が捕れなくなれば生活が成り立たない。鵜匠は5人から3人に減り、「いっそ鵜飼を閉めようか」という声も上がった。そんな中、芳男は他の鵜匠たちと鵜漁一筋から、小瀬鵜飼らしさを残した多様な鵜飼を模索し始めた。

鵜飼をする足立芳男鵜匠

81年から2年続けて、富山県小矢部市の市制20周年記念事業に招かれ、現地の川で鵜飼を実演して大好評を博した。また、芳男は生来話し上手だったので、トヨタ自動車などで講演し、小瀬鵜飼の魅力を伝えたりした。そして、妻のさゑも自宅で鮎料理を出し、鵜匠の家として小瀬鵜飼を支えた。

小瀬鵜飼に生涯をささげ、伝統漁法を守り続けた芳男は1987（昭和62）年、人生の幕を閉じた。

ところで、長良川は山の放置や河川工事による土砂の流入で、近年鮎がさらにすみにくくなっている。「鮎を育ててくれる清流を取り戻すよう森林保全と対策を考えなければ」。そう語る18代鵜匠の陽一郎が、祖父芳男の伝統漁法を守り続けている。

（平成25年10月25日掲載　小川釟子）

白川茶「手もみ」一筋

「手もみ茶」の魅力と技を後世へ

篤農家　新田道一　白川町

白川茶は、味と香りのよさで知られ、今や西濃の揖斐茶とともに岐阜県を代表する特産物となっている。白川茶の中心地は加茂郡白川町と東白川村の山間地、その山々がつくる日陰と谷川から昇る朝霧が良質な茶を育てるという。

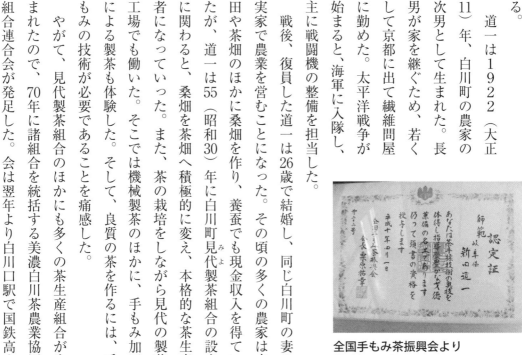

その品質をもう一方で支えるのが製茶の技術。その伝統の「手もみ加工」の技を極め、白川茶を広めることに情熱を傾けた人が、新田《にった》道《みち》一《かず》である。

子どもたちに手もみの技を教える新田道一

道一は1922（大正11）年、白川町の農家の次男として生まれた。長男が家を継ぐため、若くして京都に出て繊維問屋に勤めた。太平洋戦争が始まると、海軍に入隊し、主に戦闘機の整備を担当した。

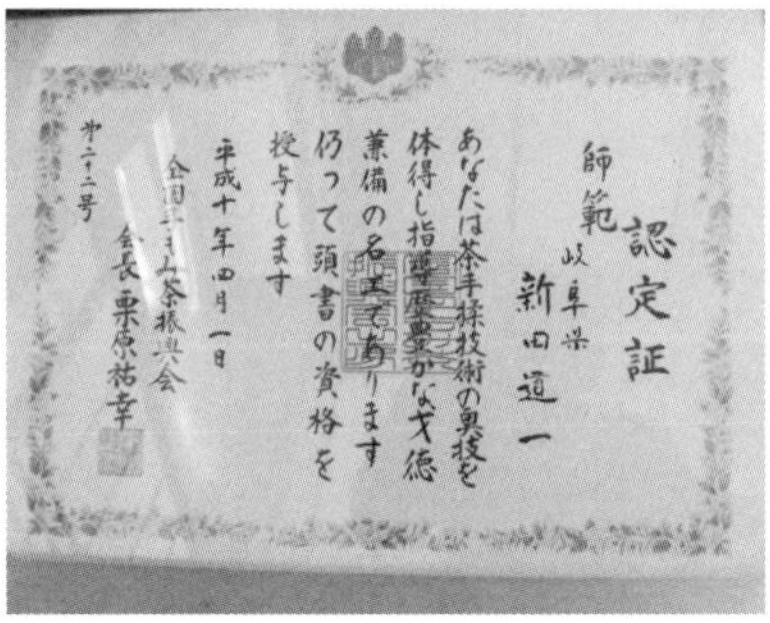

全国手もみ茶振興会より「師範」認定

戦後、復員した道一は26歳で結婚し、同じ白川町の妻の実家で農業を営むことになった。その頃の多くの農家は水田や茶畑のほかに桑畑を作り、養蚕でも現金収入を得ていたが、道一は55（昭和30）年に白川町見代《みよ》製茶組合の設立に関わると、桑畑を茶畑へ積極的に変え、本格的な茶生産者になっていった。また、茶の栽培をしながら見代の製茶工場でも働いた。そこでは機械製茶のほかに、手もみ加工による製茶も体験した。そして、良質の茶を作るには、手もみの技術が必要であることを痛感した。

やがて、見代製茶組合のほかにも多くの茶生産組合が生まれたので、70年に諸組合を統括する美濃白川茶農業協同組合連合会が発足した。会は翌年より白川口駅で国鉄高山本線（現ＪＲ）の乗客に新茶のサービスを行うなどして白川茶のＰＲにも努めた。

さらに、80年には伝統技術伝習センターが設立され、焙《ほい》炉《ろ》という手もみを行う台などが設置された。そこで道一ら茶生産者は静岡県から手もみ製茶の講師を招き、その技術をさらに高めていった。そして２年後には「白川茶手もみ保存会」が発足し、道一はその初代会長となった。

また、88（昭和63）年に道一は自分の茶園でビニールハウス茶を栽培し、そこで丁寧に管理して生産された茶葉を、手もみ保存会の手で加工して「美濃白川八十八夜手もみ茶」として高品質の茶を生産した。

白川町の茶畑

こうして白川茶の名は、手もみの技とともに広く人々に知られるようになった。そして今では、白川茶は岐阜県内はじめ愛知、静岡両県にも出荷され、その香りと味わいで多くの人びとの鼻や舌を楽しませている。

新聞やテレビなどの取材が増えると、道一は積極的に受けて白川茶を宣伝した。その際「手もみは茶心をつかむこと。その茶に合った力の加え方や熱のかけ方、手の動かし方がある」と思いを語った。その手もみの手法を応用して製茶の機械を改良すれば、高品質な白川茶ができると信じ、基本となる伝統の手もみ技術を保存し普及させることに意義を感じ情熱を傾けた。

そのために、手もみ実演会や手もみ技術競技会へ参加し、消費者とふれあいながら研究を重ねた。また静岡県まで何度も足を運び、苦労を重ねて青透《せいとう》流の手もみ技術を極めた。

そんな道一を90（平成２）年、岐阜県は「飛騨美濃特産名人」に認定、また全国手もみ茶振興会は98年に「師範」、２０１２年には「茶匠」に認定し、その業績をたたえた。その翌年、道一は90歳で生涯を閉じた。

今、手もみ保存会は道一とともに活動してきた小池彼男《のぶお》に引き継がれた。白川茶の歴史を『白川町茶業誌』にまとめた彼男は、道一と一緒に行ってきた子どもたちに手もみ茶の体験学習をさせる活動を続けている。伝統の白川茶手もみの技は、次代へと確実に継承されている。

（平成25年12月27日掲載　高木和泉）

旺盛な探究心、原動力

52歳からの再出発で無鑑査にまで

刀匠　尾川邦彦　関市武芸川町

「抜けば玉散る氷の刃」とは弁士の言葉であるが、今や芸術品となった日本刀の出来栄えを決める要素の一つに刃《は》文《もん》がある。自らが惚《ほ》れぬいた刃文を極め、刀匠界では人間国宝に次ぐ名誉とされる「無鑑査」に、東海地方で最初に認定された刀匠が「濃州武芸八幡住兼圀」尾川邦《おがわくに》彦《ひこ》である。しかし、その歩みは決して平たんなものではなかった。

関鍛冶伝承館で刀鍛冶に臨む
尾川邦彦氏（左）と次男光敏氏

邦彦は1925（大正14）年、関市武芸川町に生まれた。39（昭和14）年、関の小川兼国刀剣鍛錬所に入り、刀鍛冶《かたなかじ》として歩み始めた。縁あって千葉にいた18歳の時、最年少で陸軍受命刀匠に選ばれ、刀匠としての歩みだしは上々であった。

しかし44年、自らが第2次世界大戦に出征し、終戦を迎え復員すると、刀づくりは禁止となっていた。

武芸川に帰郷した邦彦は、ヒヨコのはく製を作ったり、ナイフの研磨工場を立ち上げたりした。また、日本画に熱中し、薔薇《ばら》図で有名な宇野嶺城らに師事した。松月流の免状をもち、近所のご婦人たちに生け花教室を開いたりもした。3人の子供にも恵まれ、経済的にも、精神的にも満足した人生を送っているように思えた邦彦であったが、心の奥底では、刀づくりへの思いが次第に膨れ上がっていた。

そんな時、幼なじみの助言で、再び刀匠の道を歩もうと決心した邦彦であったが、戦争で証明書を焼失したことや、情報不足などから、作刀認可を得るには5年の修業が課されることとなった。邦彦は、47歳ではあったが、無報酬で弟子として奉公しながら、自宅に刀剣鍛錬所を建てるとともに、全国各地の刀匠研修にも参加した。

77（昭和52）年、作刀認可を得て、兼圀として再び刀匠人生を歩み始めた時は、すでに52歳であった。

最初は、思うような刀を打つことができず苦しんだ。しかし、津田越前守助廣が得意とした刃文「濤瀾乱れ《どうらんみだ》」と出会い、惚れこむと、押し寄せる大海の荒波を表現するために一心不乱にその再現に取り組んだ。

邦彦にとっての幸運は、次男の光敏が33歳で刀匠の道に入ったことである。確かな技術と豊富な経験をもつ父と、柔軟な発想の息子が力を合わせた時、材料選びから鍛錬の仕方など、試行錯誤ではあったが、着実に理想に近づいた。

満足できる刀が完成した95（平成7）年、新作名刀展覧会で努力賞を受賞した。その後も、高松宮賞を筆頭に10年連続受賞し、2006年には81歳で「無鑑査」に認定された。名工として認められた邦彦であるが、70代後半まで聴講生として研修会に参加し続けた。

この旺盛な探究心こそが、刀匠人生を花開かせた原動力となったのである。

その後、県重要無形文化財「美濃伝日本刀鍛錬技法」の保持者として認定を受け、今年の伊勢神宮第62回式年遷宮に向けて御神刀を勤作奉仕するなど、今後もさらなる活躍を期待されたが、2012（平成24）年、式年遷宮を迎えることなく、卓越した技を惜しまれながらこの世を去った。

しかし、邦彦の遺志は2009年に「無鑑査」に認定された光敏（兼國《かねくに》）にしっかりと引き継がれている。

（平成25年11月29日掲載　横田稔）

関市史に生涯をかける

古文書を探求し歴史を記す

郷土史家　松原久男　関市

松原久男

「広報せき」に、「ふるさと再発見」が1989（平成元）年から10年間、100回まで連載され、郷土に遺《のこ》る多くの文化財が紹介された。その執筆者が、「わからんことは郷土史の生き字引に聞け」とまで言われた松原久男《まつばらひさお》である。久男は26（大正15）年、武儀郡関町（現関市）で醤油《しょうゆ》販売業を営む父藤一の長男として生まれた。安桜尋常小学校を卒業すると岐阜県第一工業学校（現県立岐阜工業高校）に進学、終戦後、東京の芝浦高等工学校（現芝浦工業大学）化学科を卒業した。その後、横浜の薬品会社に勤めたが、49（昭和24）年、家業を継ぐため関町に帰郷することとなった。

理系畑であった久男が、郷土史に関わったのは、関町復興に熱心に取り組んでいた地元青年団に入ったことによる。団の先輩から郷土の歴史を掘り起こそうと誘われ、神社、仏閣、旧家などを訪ね歩いた。また恩師からの指導も受けて、手当たり次第に歴史書や古文書を読み漁《あさ》った。こうして郷土史にのめり込んだ久男は、仲間と共に町史の編《へん》纂《さん》を企画し、町にも呼びかけた。

50（昭和25）年、関町は市制を施行、その記念事業として市史発刊が図られた。翌年、初代市長となった亀山一二を委員長として編纂委員会が発足し、久男も委員の一人となった。学識経験者や古文書、刀剣などに精通する者が集まるなか、委員会中最年少で歴史の専門家でもない久男は考古学などを独学で習得し、緻密な企画力と誠実な人柄で皆から信頼されていった。

52（昭和27）年、久男は関市役所に入庁し、発足した関市教育委員会に配属された。また、恩師の仲介で典子と結婚、ますます市史編纂事業に没頭し、旧家を訪ねてはネズミの巣のようなボロボロの虫食い古文書を収集し、一枚一枚丹念に検証していった。こうして67（昭和42）年、16年

仏像調査中の松原久男

の歳月を費やして『関市史』は発刊された。

90（平成２）年、市制40周年の記念事業として、また当時、国が推進した「ふるさと創生」の事業として、新しい市史を再編しようという機運のなかで『新修《しんしゅう》関市史』は生まれた。市史編纂室長に船戸政一市教育長が就任し、久男は市史編纂委員長に指名された。15名の委員と共に、再び市史作りに奮闘することになった。

船戸室長が「関市の歴史はわたしたち市民がつくるもの」と標榜《ひょうぼう》したように、久男は多くの市民の協力を得て史料の収集を行い、その数は３万余点に及んだ。その史料をもとに総勢50余名が執筆に携わった。自らも執筆しながら、集まってきた原稿を５回にわたり校正した。久男の座右の銘は「しなやかに撓《しな》う」である。どんな困難に直面しても「折れる」のではなく「撓う」のだという。この心で市史編纂という膨大な作業を淡々とこなしていった。

こうして93（平成５）年より、史料編５巻、通史編２巻、刃物産業編・考古文化財編・民俗編各１巻が順次発刊され、『新修関市史』全10巻が99（平成11）年に完結した。その時の記者会見で、久男は編纂委員はじめ市史作りに関わった全ての人と「心を一つにしたので新修関市史は発刊できました」と感謝し、「ほんとに夢のようです」と喜びの言葉を述べた。

この99年、『新修関市史』と冒頭の「ふるさと再発見」を完結させて、久男は市史完成記念講演会の壇上で倒れ、帰らぬ人となった。最期まで郷土史に情熱を注ぎ、関市の歴史を記録し未来に遺した73年の生涯であった。

（平成27年４月24日掲載　小川釟子）

伝統芸能に情熱注ぐ

東白川村郷土歌舞伎保存

地歌舞伎継承者　若井新一　東白川村

来月14日、今年も大勢の観客が訪れ、村が地歌舞伎に沸く秋の一日がやってくる。復活から38回目を迎える東白川村郷土歌舞伎公演である。

東白川村は江戸時代から地歌舞伎が盛んで、神田座など三つの常設の芝居小屋があった。しかし、時代の流れとともに、旅役者一座の来演の増加や活動写真の進出によって次第に後退していった。

戦後、神田座は娯楽の殿堂としていち早く復興し、各種の演芸や映画などを提供した。間口が八間あり、田舎には珍しい立派な芝居小屋であったため、中村鴈治郎・扇雀父子などの花形役者が全国から来演するなど、近郷にその格式を誇った。しかし、その後の著しい時代の変化の中で、地歌舞伎は1951（昭和26）年に消滅し、新しいレジャーやテレビの急速な普及で神田座も66年に幕を閉じた。

75年、安江和吉、今井林平、小池正二、松岡政夫ら（いずれも故人）が歌舞伎愛好会を結成した。彼らは既に60歳を超えていたが、若い頃に地歌舞伎の経験をもち、その魅力を忘れることができないでいた者たちであった。十分な道具類が残っておらず、彼らは記憶を頼りに衣装や小道具を手作りした。振付師匠を山岡町の松本団升《だんしょう》に、太夫や三味線は近隣の人々に依頼した。

77年、和吉らの努力は実を結び、消滅から26年を経ての華々しい復活公演は、待ちに待った村民の喝采を博した。その外題は「絵本太閤記」など3題であったと、翌年から愛好会に加わった若井新一《わかいしんいち》は当時をふり返る。

新一は33年に東白川村神土に生まれた。地歌舞伎最盛期のころ、神田座に隣接した祖父母の家には大勢の旅役者が泊まり、食事や風呂の手伝い、カツラを結い直す祖母の手

1994（平成6）年に完成したはなのき会館

伝いをした。父幸二も役者として舞台に立つなど、幼いころから歌舞伎にふれてきた新一は手先の器用さを生かし、外題に合うよう行燈《あんどん》や籠などの小道具を作りあげた。そして83年、思わぬ代役を契機に、以後役者として一層歌舞伎に没頭していった。

当時、台詞《せりふ》は全て師匠からの口伝《くでん》であり、にわか仕込みの役者は、手に書いた台詞が汗で見えなくなったり、舞台の梁《はり》に書いた台詞を見上げたまま演じたりした。新一は口伝の台詞から台本を起こしたり、役者全ての台詞や演技を覚えたりした。また、外題の時代背景を勉強して口上や細かな演技に艶を出して役者になり切った。そんな新一だからこそ、急な代役があっても慌てず、みごとにやり切った。妻信江は、「役者たちがよくわが家に集まった。公演前日に酒を飲みながら朝まで芝居の話に熱が入り、二日酔いで舞台に立つ役者を随分心配した」と語る。

「伝言石井の帰咲」で赤堀水右衛門を演じる若井新一（右）２００７年

94（平成6）年に花道と升席が設置できる村民待望の「はなのき会館」が完成した。公演会場は中学校体育館から本格的な芝居小屋に移り、歌舞伎保存会が発足した。このころから時代劇を加えるなど演目が多彩になり、小中学生の出演が恒例になって卒業記念歌舞伎も演じられた。2003年から振付師匠に団升の娘の松本団女を迎え、現在に至っている。

幕が開いたときの醍醐《だいご》味と客席からの大きな拍手が役者冥利《みょうり》に尽きると語る新一は、3年前の公演を最後に引退した。関わる者が高齢となり、後進の育成が急務である。役者はなり手があるが、歌舞伎の知識が十分でなく、本来の姿が消えていかないかと心配する。新一は現在、中学校での地歌舞伎について語る機会などを生かし、次代を担う若者に伝統芸能の継承を託す。

はなのき会館では今、稽古が佳境に入っている。

（平成26年8月29日掲載　村井義史）

第五章　創る

工夫考案、発明、創造

失敗や産みの苦しみを乗り越え、
アイデアと情熱で新たな世界を創造した人々

〝うだつの町〟礎築く

農業、商工業の振興に力

名将　金森長近

美濃市

金森長近　清泰寺所蔵

美濃市に残るうだつのあがる町並みに毎年10月上旬、美濃和紙で作られた「あかりアート」がきらめく。この町の礎を築いたのが、金森長近《かなもりながちか》である。

1524（大永4）年、土岐氏の支族、大畑七右衛門定近の次男に生まれた長近は、関ケ原の戦いでの戦功を認められ、徳川家康から上有知《こうずち》（現美濃市）を与えられた。これを機に家督を金森可《あり》重《しげ》に継がせ、飛騨の高山から上有知に入った。険しい鉈尾山（現古城山）にあった城を廃し、尾崎丸山（現小倉山）に新しい城を築いて町づくりを始めた。

川湊の灯台

それまでは長良川沿いの低地にあり、洪水が多かった町を一段高い山すそに移した。城下町は、東西2本の通りをそれぞれ一番町、二番町と称し、四つの横町でつないで全体を目の字型の町割とし、上、中、下の三つに分けた。

経済効果を期待して岐阜、津保、郡上街道などが城下町に集まるよう道をつけ、上有知を交通の要衝とした。さらに一番町から北へ横町を延ばし、長良川河畔に至る道を造り、上有知湊を開いた。これにより、周辺各地から美濃紙をはじめ、多くの物資が上有知に集まった。物資は水上輸送によって岐阜や大垣、桑名へ運ばれ、上有知は商人町として大きく発展した。

信長、秀吉、家康に仕え、戦乱の世を生き延びた長近の領土経営は、農業とともに商工業の振興に力を注いだことが注目される。

長近は、生涯で越前大野、高山、上有知（１６０６年ごろ）の町づくりを行った。いずれも城を低い山に移し、その城を中心に住みよく活動しやすい城下町を築いた。優れた技量から、まさに町づくりの名手と称しても過言ではない。

うだつの町並み（美濃市）

山すそに造られた上有知の町並みは水害や地震に強かったが、水利に乏しいため火災が発生すると大惨事となった。１７２３（享保８）年には、町の４分の３を消失するという大火があった。その後、防火対策として屋根の両端に防火壁の「うだつ」をあげたり、道幅を広げるなどして、上有知の町づくりは後の人々にも継承されてきた。
美濃市観光協会の池村周二事務局長は「長近がつくった町並みは、うだつとともに大切に保存されている。長近の偉業をたたえ、小倉公園下の松は長近の松として市民に親しまれている」と語る。
長近は１６０８（慶長13）年、京都伏見で85歳の生涯を閉じたが、上有知のうだつがあがる町並みには往来が絶えない。長近の町づくりへの熱意は、今も市民に受け継がれている。

（平成21年９月25日掲載　藤田佳一）

名家「赤松」に始まる

寺社整え、曽代用水引く

郷士　喜田嶋家　関市

関市小屋名の臨川寺の位牌《いはい》「徳本元昌居士《とくほんげんしょうこじ》」の裏側に赤字で「赤松伊予守源義雅九世孫喜多（田）嶋惣右衛門尉源雅重　元禄十七年一月十九日」と記されている。小屋名の郷士「喜田嶋家《きたじまけ》」が室町幕府の四職《ししき》を務めた守護大名「赤松氏」につながる発見は大きな驚きである。

喜田嶋家の家祖赤松義雅とは、１４４１（嘉吉元）年、室町幕府６代将軍足利義教を暗殺した「嘉吉《かきつ》の乱」の首謀者赤松満祐の弟である。

いくら人間性を忘れた独裁者であっても主君の暗殺は名家赤松氏の破滅を招いた。赤松一族69人、それに多数の郎党が幕府方１万３千騎の前に討ち死にし、満祐《みつすけ》、義雅も播州木山城で自害した。

しかし、義雅の子祐雅は逃れ、亀山姓を名乗り、都でも活躍する武将となった。１４７１（文明３）年には、濃州守護代斉藤妙椿に仕え、各務郡芥見郷（現在の岐阜市芥見）に住むこととなる。

ところで、文頭の九世孫（九代）喜田嶋雅重とは、１６６３（寛文３）年に始まった曽代用水開発に父雅親と共に参画した人物である。二人は用水を小屋名まで伸ばし、田畑を潤し新田開発を夢みた。自ら３００～４００両の私財を投じ、村人を鼓舞して積極的に参加した。やがて、通水が始まるが、最下流部の小屋名まで水は届かなかった。夢はかなわなかったが、喜田嶋家なしには曽代用水は実現しなかったといっても過言ではない。

室町の守護大名「赤松氏」と「喜田嶋家」のつながりを示す位牌（関市小屋名、臨川寺）

芥見の亀山家が関市小屋名へ移った経緯は、祐雅の孫にあたる雅綱の時にある。

雅綱は持病があったため、弟勝雅が芥見砦を治めていた。しかし、１５６４（永禄７）年、織田信長の美濃攻めに遭い、一族の多くは江州（滋賀県）へ逃げ浅井長政の配下に入った。しかし、１５７０（元亀元）年「姉川の合戦」で信長に敗れて一族は滅んだ。

ただし、雅綱は病弱のため一族と行動をともにすることができず、武儀郡小魚梁郷《おやな》（現在の関市小屋名）に少数の従者とともに帰農した。武士らしかった弟と違い、病弱のため、違った生き方をせざるを得なかったのであろう。

１６１２（慶長17）年、小魚梁郷は直参旗本、池田図書守の所領となった。それまで小魚梁郷の邑（村）長として郷士的実権を握っていた亀山家も、池田公の菩提寺（臨川寺）を建てるなど、領主に敬意を表そうとした。

１６５９（万治2）年、池田家3代長艶公の命によって、居住していた「北島」の地名にちなんで、「喜田嶋」を賜り、改姓した。名家「赤松」に始まり「亀山」「喜田嶋」と変遷したわけである。

ちなみに、岐阜市芥見と関市小屋名に「亀山」姓が多いのは、亀山家と無縁ではない。


臨川寺の東側の「北島地区」を見渡し、さまざまな歴史のいたずらに思いをはせる今日このごろである。

注：曽代用水は歴史的背景が評価され２０１５（平成27）年、「かんがい施設遺産」に登録される。

（平成24年2月24日掲載　黒野幸男）

水力発電事業に尽力

「百折不撓」の精神で電源開発

起業家　小林重正　美濃市

長良川鉄道湯の洞温泉口駅を降りて直《す》ぐ立花《たちばな》橋に出る。その橋の下を流れる長良川の対岸に赤レンガ造りの洋館が見える。これは1910（明治43）年、武儀郡洲原《すはら》村（現美濃市立花）に建てられた長良川水力発電所である。この発電所を最初に計画したのが小林重正《こばやししげまさ》で、発電所横に建立された彰功碑がその偉業をたたえている。

小林重正

『電気事業の人物史』中部電力編より

1856（安政3）年、重正は美濃国岩村藩（現恵那市岩村町）の武家に生まれた。29歳のとき父の死により家督を継いだが、事業家になることを夢見て岐阜町（現岐阜市）へ移り住んだ。

95（明治28）年、日清戦争後の企業勃興期に京都で勧業博覧会が開かれ、重正は考案した安全コタツを自ら出向き出品した。その折、琵琶湖疏水を利用した京都蹴《け》上《あげ》発電所と出会った。これが人生の転機となり、水力発電事業を起こすことを決意した。

長良川発電所
平成12年、登録有形文化財（文化庁）指定

京都から帰ると、郷土岐阜県の豊富な水源に着目し、私財を投じて山谷を巡り歩き長良川を調査した。その結果、郡上郡嵩田《たけだ》村（現郡上市美並《みなみ》町）上田に取水口を設け、発電所までダムを造らずに送水できるルートを発見し、高所から水を落として水車と直結した発電機で電気を起こす送水路式発電所を計画した。

97年に岐阜県から、翌年には国から水利と発電事業の許可を得ると、岐阜日日新聞（現岐阜新聞）社長高橋瀬一郎や県財界の有力者渡辺甚吉らの支援も得て岐阜水力電気株式会社を設立した。そしてドイツのシーメンス社のエンジニア野口遵《したがう》らに測量や設計を依頼した。

しかし、１９００（明治33）年からの国内の金融経済恐慌の影響もあって着工できず、２００６年に事業は名古屋電灯（現中部電力）株式会社が引き継ぐことになった。以後、野口が事業を推進するが、重正は水利権再取得願いの代理人となり奔走尽力した。

日露戦争後に景気が回復すると、２００８（明治41）年に重正の計画を基本に着工され、２年後に完成した。この間、ドイツから運ばれた大型水車と発電機（現在発電所隣に屋外展示）は、立花渡しから大いかだに載せられて川を渡り発電所に設置されたという。

湯ノ洞水路橋
平成12年、登録有形文化財（文化庁）指定

その後、下呂を拠点に温泉開発事業や飛騨川水系を調査して瀬戸、馬瀬、小坂の発電所事業を行うが幾度も挫折する。彰功碑文に「百折不《ひゃくせつふ》撓《とう》」「精力人に絶す」とある。何度失敗しても志を曲げず、老いてもなお精力的に電源開発に尽力し、重正は35（昭和10）年79歳で生涯を閉じた。

岩村藩の儒者佐藤一斎は『言志四録《げんししろく》』の中で、生涯学び続ければ「死して朽ちず」と説く。藩士であった重正はまさにそのように生き、死しても朽ちることのない多くの産業遺産を遺《のこ》した。

長良川水力発電所は、本館・正門・外塀が明治時代の面影を残す美しい赤レンガの建造物として、２０００（平成12）年に文化庁より「登録有形文化財」に登録された。翌年には湯の洞温泉への谷を跨《また》ぐ赤レンガの５連アーチ水路橋なども同じく登録された。そして２００７年、経済産業省から「近代化産業遺産」にも認定された。

重正は起業した対価を受けることは少なかったが、豊かな自然と百有余年の歴史が織りなす長良川水力発電所の景観は訪れる人々を楽しませてくれている。そして、発電所は今もなお稼働し、最大４８００キロワットおよそ１６００世帯分の電気を供給し続けている。

（平成26年10月31日掲載　髙木和泉）

植林活動と教育に力

先見性に優れ豊かな郷土を目指す

政治家　長沼覚道　川辺町

県民の歌に、「岐阜は木の国山の国」と歌われている。植樹祭に続く第39回全国育樹祭が今秋、県内で開催される。今から115年前、いち早く植林の大切さを唱え、木を育てることは子どもを育てることに通じると、将来を見すえた教育にも力を入れたのが、長沼覚道《ながぬまかくどう》である。

長沼覚道

覚道は1857（安政4）年、麻生村（現川辺町下麻生）に井戸豊三郎の次男として生まれた。11歳のとき、真蔵院住職の長沼良節の養子となり、名前を覚道と改めた。

江戸時代、下麻生村（現川辺町）では、飛騨川を利用した筏《いかだ》による材木の輸送が行われ、その湊として綱場（綱を張り、上流からの材木を留める所）が開設され、大いに栄えていた。また、材木の商いも活発であった。

78（明治11）年、覚道は長谷川商店の店員となり桑名、名古屋、大阪、神戸の支店に勤務し、顧客への納材の専任者となった。85（明治18）年、良節が老齢となったため会社を辞めたが、翌年には地元の会社三鱗組に入った。一時、独立したが後に元の会社と合併して、支配人を11年間担当した。この20年に及ぶ材木商の経験は、後の山林事業の基礎となった。

明治時代に入り、岐阜県では山林の乱伐が行われた。87（明治20）年、白川街道の開通で、木材価格が高騰すると加茂郡周辺でも乱伐に一層拍車がかかった。県は山林保護法を制定したが消極策では追いつかず、積極的な植林計画の必要性を認めた。そして、97（明治30）年、県は加茂郡に山林組合を設け、必要な樹苗栽培を計画した。

川辺町に植苗圃を設け、杉、松、ヒノキ等の苗木を育て無償下付し、加茂郡に林業巡回教師を置き、指導に当たらせた。材木商の経験から植林に関心を持っていた覚道は、会社を辞め1900（明治33）年、町長に立候補し当選した。町長に就任するといち早く県の事業に参加し、10年後には百余町歩の町有林の植林を行った。

また、覚道は04（明治37）年、校長と図って下麻生小学校の校訓を制定し、校章及び帽章に「誠」の字を採用した。校訓は67の実行項目を設けた。これは、近村の小学校には例を見ないものであった。06（明治39）年、県知事の川路利恭から教育功労賞が授与された。さらに、町村合併の54（昭和29）年まで60余年にわたり卒業生を送り出した校舎は翌年に改築されたが、その費用が覚道の推進した植林材の売り上げで賄われ、加茂郡では最も早く鉄筋コンクリートの校舎になった。

覚道の顕彰碑

覚道は町長を辞めた後、下麻生の歴史を調べ、15（大正4）年、『下麻生往古記事』にまとめた。20（大正9）年、再び町長に立候補したが、返り咲くことはできなかった。晩年は、果樹園を経営したこともあったが、名古屋に移り住み、71歳で亡くなった。42（昭和17）年、造林事業の功績がたたえられて、植樹功労顕彰碑が下麻生町によって建立された。

覚道が行った植林事業は、昭和の時代に受け継がれ２度の試練を受けた。最初は太平洋戦争の戦時需要で全山皆伐されるが、戦後植樹に立ち上がる。２度目は町村合併により川辺町の財産区に編入されるが、区民の山林返却運動で、下麻生区有林として登録された。こうした逆境に遭いながらも、下麻生の人々は、覚道の育林スピリットを継承し続けた。清廉潔白で気骨のある政治家としての覚道の歩みは、今年岐阜県が木材の供給体制を強化し大量生産する方針を固め、年間百万本の生産を目指す先駆けとなったといえるのである。

（平成27年2月27日掲載　後藤章）

「日本ライン」を命名

日本の風景に美を発見

地理学者　志賀重昂　美濃加茂市

日本ライン下りは、美濃加茂市の太田橋から犬山市の犬山橋まで、13キロにわたる木曽川の急流を船で下る。この間ライオン岩など巨大な奇岩が現れ、その渓谷美は多くの人々を魅了している。その「日本ライン」の名付け親こそ、三河国岡崎藩（現愛知県岡崎市）藩校の儒者の家に、1863（文久3）年に生まれた志《し》賀《が》重《しげ》昂《たか》である。

志賀重昂の銅像
（愛知県岡崎市、岡崎東公園）

　重昂は、札幌農学校（現北海道大学）を卒業後、23歳の時に軍艦に便乗して南洋諸島を巡った。翌年『南洋時事』を著し欧米列強の進出に警鐘を鳴らし、25歳で三宅雪嶺《みやけせつれい》らと雑誌『日本人』を発行、政教社を創立して国粋保存主義を唱えた。

志賀重昂の碑（美濃加茂市、祐泉寺）

94（明治27）年、日清戦争が始まると『日本風景論』を著し、日本の風景が優れていることを、気候、海流、地形などを実地観察して説いた。この書は版を重ねてロングセラーとなり、これまでの日本人の地理観を変えるものとなった。

その後、重昂は官界に入り、伊藤博文が総裁の立憲政友会から代議士となった。また政界を引退後は、アフリカおよびアメリカ両大陸を横断し、ヨーロッパも巡るなど3回の世界周遊をし、1927（昭和2）年に63歳で病没した。

重昂と当地との関わりは、先出の『日本風景論』にある。この書のなかで、木曽川の峡谷を「花崗岩《かこうがん》における浸食」による地形に分類し、その成因を岩の隙間《すきま》に入った水が寒冷期に結氷し、水の分子が膨張して岩を砕くことによるとした。これを「これまた花崗岩が臨終の豪爽《ごうそう》なる処。けだし木曾地方景象の雄大壮厳なる」と文学的に説明している。

このように地理学者にして名文家であり、政治家の後に早稲田大学教授となり教育者としても著名であった重昂を、1913（大正2）年に加茂郡教育会が講師に招いた。その折、犬山までの木曽川下りを楽しみ、その景観を漢詩に詠んだ。その一節に「莱因夕照《らいんのせきしょう》」とある。そして「全くライン河の風景そのままなり」と評した。これらのことを記した書簡は、みのかも文化の森（美濃加茂市）に展示されている。こうして、当地は「日本ライン」と呼ばれるようになり、後に重昂の墓碑が旧中山道沿いの祐泉寺（同市）に建てられた。

重昂の来訪を機に日本ラインは知られるようになると、24（大正13）年に土田《どた》村（現可児市）の三宅徳三郎らは料理旅館の北陽館と連携し客を乗せて船下りを始めた。その3年後、大阪毎日新聞主催の日本新八景写真コンクール河川の部で木曽川が第1位に選ばれると、太田町（現美濃加茂市）の有志らは太田遊船組合を設立してライン下りをはじめ、今なお多くの観光客をひきつける日本ライン下りとなっている。この発展の契機となったのは、まさに重昂の「日本ライン」命名によるものであった。

注：平成25年以降、日本ライン下りは運休している。

（平成24年4月27日掲載　髙木和泉）

童謡・民謡で文化交流

「ななし木」の詩や「関音頭」を作る

詩人 野口雨情 関市

（唄）関の孫六三本杉は
　ハドントショ
水もしたたる
　アリャ玉も散る
志津の三郎も関の鍛治
　ソコズンズン
　ズィラホノサッサ

これは関市民に親しまれている「関音頭」の一節で、詩人野口雨情《のぐちうじょう》（本名英吉）が作詞したものである。

野口雨情
40代の頃の肖像
北茨城市歴史民俗資料館
野口雨情記念館所蔵

雨情は1882（明治15）年、茨城県多賀郡北中郷村大字磯原（現北茨城市磯原町）の旧水戸藩郷士で回船業を営む裕福な家に生まれた。15歳で文学を志して上京、その4年後に東京専門学校（現早稲田大学）高等予科文学科に入り坪内逍遙《つぼうちしょうよう》に師事した。

1902（明治35）年、20歳にして『女界』など多くの文芸誌に作品を発表して詩壇に登場したが、23歳の時に父量平の病死により帰郷し家業を継ぐもうまくいかず、雨情が自伝に記す「数奇の運命をたどる」こととなる。

家庭生活では結婚、離婚、再婚、生後間もないわが子の死を体験、職業では新聞記者、自営農民、山林管理、漁業組合、炭鉱事務所などを経験し、住居も樺太、北海道、東京、水戸など転々とした。しかし、この不安定で経済的にも恵まれない生活の中でも、『早稲田文学』などに作品を発表し、口語で詩を作る運動を先導した。

こうして詩作への情熱を燃やし続けた雨情は、40歳までに多くの名作を世に出した。童謡では「七つの子」「青い眼の人形」「赤い靴」「こがね虫」「シャボン玉」など、民謡では「枯れすすき（船頭小唄）」などがある。また童謡や民謡を普及するために講演旅行で全国各地を巡った。

24（大正13）年、関町（現関市）で発行されていた童謡同人誌『桜んぼ』を主催する金森武夫らが、この年「波浮《はぶ》の港」「證城寺《しょうじょうじ》の狸囃子《たぬきばやし》」などの童謡を発表した雨情を顧問に迎えて指導を受けた。これを機に翌年、武夫らは雨情を招いて童謡講演会を関町小学校講堂で開き、ここに関町と雨情の交流が始まった。講演会の後、吉田沖《きったおき》（現関市西本郷）にある名無木《ななしぎ》（県指定天然記念物）を見た雨情は、次の詩を作って『桜んぼ』に発表した。

たんぼの中の
　ななし木は
花から芽が出て
　葉がのびる
うそならこの夏
ゆつて（いって）みな

野口雨情が詩にした「名無木」（関市西本郷）

27（昭和2）年、関町教育会が「詩と音楽と舞踊の会」を開き、雨情は「児童文芸と児童教育」をテーマに講演をした。これが3回目の関来訪となって交流が深まる中、地元青年団から「老いも若きも皆で歌える故郷の音頭や小唄がほしい」との声が上がった。

30（昭和5）年、その声に応えた雨情は関町の矢島屋旅館に泊まり、冒頭の「関音頭」と「関小唄」を作詞した。同行した藤井清水が作曲して完成すると、関町の青年団、芸妓連により劇場千歳座にて唄と踊りの発表会が開催された。

この時青年団から歌い手に選ばれた大塚佳雄（後の歌人大塚青史・本誌１７４頁に紹介）は「ニコニコしながら人懐っこく、私の肩をたたきつつ教えてくれた」と、講演会でも自ら涙を流すという人間味あふれる雨情の印象を語っている。

終戦の45（昭和20）年、雨情は詩を作り続けて62歳で生涯を閉じた。雨情が童謡や民謡の多くの名作とともにのこしてくれた「関音頭」は、今も盆踊りなどで歌い踊り継がれ、故郷を思う人々の心を熱くさせている。まさに、関市民の「絆唄」となっている。

（平成26年4月25日掲載　髙木和泉）

キウイの栽培に情熱

村の特産品を夢みて試行錯誤

篤農家　船戸民次　関市洞戸

今から30年ほど前、お歳暮でキウイを贈ると、お礼の言葉と共に驚きの声が返ってきた。ほとんどが輸入で、南方系の果物と思われていたキウイが、洞戸で生産されていることへの驚きであった。

このキウイの栽培を最初に手がけ、リーダーとなって仲間を導いていったのが、１９０９（明治42）年、関市洞戸大野に生まれた船戸《ふなと》民次《たみじ》である。

船戸民次

民次は、若いころは柿渋で染めた伊勢型紙の販売をしたり、豚や牛を飼ったりした。その後は、丹波の黒豆やモロヘイヤや夏秋ナスの栽培を行うなどチャレンジを続けた。

そんな民次とキウイの出会いは意外なことから始まった。戦後、養蚕が廃れていき、使われなくなっていく桑畑の跡地に、果物を植えてみてはという意見が出ていた。また、減反政策で米に代わる作物を模索していたところであった。

キウイフルーツ

76（昭和51）年、当時の洞戸村の林業研究会の先進地視察で、恵那郡山岡町のブドウ農家を訪れた。そこで、ブドウ園の片隅に植えられていたキウイを紹介された。洞戸の気候でも十分育ち、消毒や手間もあまり掛けなくてよいとのことだった。キウイの実をいただき帰って半分に切ってみると、果肉が鮮やかなエメラルドグリーンで、トロピカルフルーツの雰囲気があった。食べてみると酸味があり、大変おいしかったので気に入り、民次はこれを作ってみようという気持ちになった。

麗澤《れいたく》瑞浪高校でも栽培され、ノウハウがあることを紹介された。民次は高校を通じてニュージーランドから苗を取り寄せ、いよいよ自分の庭に植えてみた。

この高校の先生からの指導も受け、3年が過ぎ、念願の実がなった。これはいけると確信した民次は、9人の仲間に呼びかけキウイフルーツ生産組合を設立して本格的に栽培を始めた。そして81（昭和56）年、岐阜の市場に出荷するまでになった。

しかし、全てが順調というわけではなかった。4月の初めに出る芽に遅霜が当たることがあるので、お湯や炭で暖めたこともあった。枝の剪定《せんてい》も最初のころは試行錯誤であった。受粉のためにミツバチを導入したが逃げられてしまったこともあった。オスの花から苦労して花粉を集め、一斉に授粉する苦労もあった。

キウイフルーツ選果場（関市洞戸通元寺）

やがて栽培方法も確立し、生産農家が50戸を超えた。85年、キウイの生産量が増大したため、選果機を備えた選果場が造られた。その後も民次は何度も選果場へ足を運び、「今年の収穫はどうや」と気遣ったり、村の特産品を売り込もうと、春日井や岐阜の百貨店へと出かけたりした。お客さんは初めて見るキウイを「ジャガイモ」と呼び親しみをもってくれた。88年には共同の保冷庫も導入され、出荷調整もできるようになった。

91（平成3）年には、組合員は67戸を数え、キウイは洞戸を代表する特産品に成長した。この年、今まで小規模に行われていた洞戸のマラソン大会を「キウイマラソン」と名付け、全国規模での開催が始まった。大会では、キウイを上位3人と9位に賞品として渡し、また、参加賞として全員にも贈呈した。

初代組合長を務め、仲間と共に数々の苦労を重ね、キウイを洞戸の特産品にまで育て上げた民次は2002（平成14）年、93歳で亡くなった。

現在は、将来の栽培農家を育てようと、小学生に授粉や収穫を体験してもらう取り組みも行われている。キウイを洞戸の特産品にしようと、情熱をかけた民次のチャレンジ精神は、洞戸小学校の道徳の授業の資料にも取り上げられるなど、若い世代へと受け継がれようとしている。

（平成26年2月28日掲載　後藤章）

堂上蜂屋柿復活に尽力

生産の輪広げ、後継者育成

篤農家　村瀬俊雄　美濃加茂市

白い粉が吹き、ひときわ大きく見事な干し柿。誰もが丸ごと食べてみたいと思うのが、美濃加茂市の蜂屋《はちや》で作られている堂上《どうじょう》蜂屋柿である。

村瀬俊雄

堂上とは、朝廷への昇殿が許された格を持つという意味で、千年の歴史を持ち、朝廷や信長、秀吉、家康ら天下人に献上された。また、1904（明治37）年にはセントルイス万博で金賞を獲得し、世界がその価値を認めた。

「堂上蜂屋柿」保存木

しかし、昭和初期に30軒ほどあった干し柿づくりの農家も養蚕業の振興と砂糖の普及、また戦争に備える食糧増産の要請で柿の木が切られ途絶えかけた。

この堂上蜂屋柿を復活させたのが、1910（明治43）年加茂郡蜂屋町に生まれた村瀬俊雄《むらせとしお》である。

30（昭和5）年、俊雄は地元のお年寄りから蜂屋柿の話を聞き、伝統ある技術や製法を守ろうと一人で柿を作り始めた。まずは旧家の庭先に見つけた1本の堂上蜂屋柿から、接ぎ木をして少しずつ木を増やしていった。

しかし、堂上蜂屋柿は明治維新までは米の代わりに税として扱われたが、それもなくなり柿では生計をたてていくのは大変なこと、また干し柿づくりは完成までさまざまな工程があり、天候にも左右され、40日ほどは全く息が抜けない作業であることをよく知っていた両親は反対した。

それでも、俊雄は反対を押しきって柿の木を育て、干し柿の産地では技術を盗み見し、試行錯誤と研究の日々を続けた。そして一人苦闘を重ねた俊雄は、「技術は教えられて得られるものではない。自らの経験と勘で覚えるものだ」という信念を得た。若いころ、俊雄に手ほどきを受けたことがある堀部庫市は「出征した戦地からも蜂屋柿を気にかけ、手入れを心配した手紙を家族へ送って来た」と俊雄の情熱を語る。

俊雄の娘琴子さんも「見てごらん。うまく木が接げたよ」と、接ぎ木の成功を喜んだ父の顔が今でも思い出されると語る。

78（昭和53）年、蜂屋柿振興会が創設されると、初代の会長に推された。指導者となった俊雄は自分の畑の蜂屋柿を原木（保存木）とし、その枝を稲沢の植木屋へ運んで接ぎ木で苗木を作り、会員に提供した。また、販売にあたり共同のラベルを作ったり、生産技術を磨き合ったりして、蜂屋柿づくりの輪を広げていった。

千年の歴史を持つ蜂屋柿の伝統を守り、後継者育成にも尽力した俊雄は、大日本農会より緑白綬有功章などを受章し、92（平成４）年没した。

その後、堂上蜂屋柿は２００７年、イタリアに本部のあるスローフード協会により「味の箱舟」（食の世界遺産）に認定された。

蜂屋小学校では「世界に誇る地元の食文化を学ぼう」と、15年ほど前から蜂屋柿振興会の会員の指導を受けて３年生と６年生が、昔ながらの干し柿作りに取り組んでいる。このように俊雄の思いは今も脈々と引き継がれている。

（平成25年4月26日掲載　石崎文子）

土地改良事業に尽力

絶大な信頼、発展へ導く

篤農家　神谷弥作　関市

関市南東の西田原に「三ツ池」と呼ばれる灌漑《かんがい》用の池がある。

1970（昭和45）年、西田原でほ場整備、道路、用排水路の土地改良事業、三ツ池の堤体補強などの改修事業が始まり、10年を経て完了した。

神谷弥作

この事業で先頭に立ったのが、神《かみ》谷弥作《ややさく》である。

弥作は1915（大正4）年、西田原の農家に生まれた。35（昭和10）年、陸軍に応召、以後憲兵隊に勤務した。終戦後、西田原に帰り、田畑を耕しながら、現金収入が可能な酪農もいち早く始めた。

ところで、木曽川右岸のこの地域は河岸段丘の地形のため、往古から灌漑治水が不可欠な土地であり、水争いも繰り返されたという。そのため多くのため池が散在し、三ツ池はその中でも大きなもので、古くは菰田《こもだ》池と呼ばれていた。

この池の近くには、平清盛の嫡男で、小松殿と呼ばれた平重盛が創建したと伝えられている小松寺がある。

1661（寛文元）年、寺勢の衰えていた寺は、春日局

三ツ池のほとりにある「改田治水」開拓記念碑

の孫（※諸説あり）、稲葉石見守正休の保護を受け、潮音《ちょうおん》道海《どうかい》禅師により再興されたが、水の枯れる田のために潮音禅師が僧たちや信徒の手を借り、山門の両脇に大池を設けたという記録も残っている。

また、江戸時代には三ツ池の下池が１６５６（明暦２）年創設、１７１９（享保４）年中池、１７６４（明和元）年に上池が造られ、年々田が広がったという記録もある。

三ツ池から臨む西田原（写真奥は田原小学校）

近代になって水量不足となっていたが、１８９２（明治25）年の濃尾地震の全壊被害から復築、99（明治32）年には堤防を増築し、中池を５倍の大きさにした。１９１５（大正４）年にはさらに増築した経緯がある。

弥作はこうした三ツ池の歴史と役割を鑑み、また、高度経済成長の時期を経た農村にとって、治水とほ場整備が不可欠と考え、指導者として土地改良事業に参画した。しかし、農家の命の糧となる田地の整備には複雑な利害関係がからみ、困難をきわめた。弥作は田原の各地区の役員らとともに土地改良区の中心となり、何度も寄り合いを開き、調整に尽力した。

難題に苦しむ時、「弥作さの言うことなら」と地域の人々は信頼し、受け入れてくれた。

１９８０（昭和55）年、完成記念碑が建立された。この時、事業の先頭に立った弥作は、「地域の人々の協力がなければできなかった事業である。碑には個人の名前は彫らない」と言い切った。

１９９９（平成11）年、享年85歳で他界、その弔問に訪れる人の多さは弥作の人望を表していた。

（平成22年９月23日掲載　熊﨑康文）

スクリーン印刷普及

郡上八幡で技術者育成

起業家　菅野一郎　郡上市

戦後、謄写版（ガリ版）に代わる新たな印刷の開発・普及に携わったのが、かつて郡上郡八幡町（現郡上市八幡町）で日本グランド社を経営していた菅野《かんの》一郎《いちろう》である。

一郎は1915（大正4）年、岩手県の水沢近郊（現奥州市江刺区）に生まれた。代議士の書生をしながら、中央大学で法学を学んでいる時、同人誌の編集にも携わり、印刷に興味を持った。

菅野一郎

戦後、東京のビルの狭い一室で、当時主流であった謄写版による印刷会社を始めた。やがて一郎は謄写版業界の大家とも交流するほどになった。しかし謄写版印刷は簡単にできる印刷法だが、B4サイズほどの狭い範囲に限られ、しかも太い線や太い文字は印刷できないことが難点で、一郎は広い面を一度に印刷できないか考えていた。

やがてたどり着いたのが、大正時代に万石和喜政がアメリカから採り入れたスクリーン印刷の技法である。しかし、この印刷の資材や機器の作製などが難しく、一般に普及させることは至難の技であった。

一郎は試行錯誤を繰り返し、48（昭和23）年、謄写版印刷を発展させたスクリーン印刷の技法を「グランド印刷」の名称で発表した。今までとは異なり簡易で、紙ばかりでなく木や布など何にでも印刷できることが人々の目にとまり、大きな反響を呼んだ。

そんな時、一郎の研究に対して、当時、郡上八幡にあった美濃紙業所（現ミノグループ）から業務提携の話が舞い込んだ。

そして52（昭和27）年、創業者塩谷広五郎の招きで、郡上八幡に住居を構え、写真製版の研究開発を始めることとなった。また、美濃紙業所に「グランド印刷教習所」を設け、全国からやってきた受講者に一定期間、ほぼ無償で技術指導も行った。およそ18年間に受講した人数は2000

人以上に上った。そして、約半数の人々が業界のオーナーまたは技術者として現在も活躍し、多くの後輩を育成している。

こうしたスクリーン印刷の開発・普及の業績に対して、当時美濃紙業所の社長であった川井武司とともに、岐阜日日新聞社（現岐阜新聞社）より59（昭和34）年度の「産業賞」表彰を受けた。

彼は、遠く離れた東北人ではあったが、社交性に富んだ人柄で、郡上八幡の人々に溶け込み、商工会会長、公民館長、小学校ＰＴＡ会長などを歴任した。そして現在も続く劇団「ともしび」の創設にも大きくかかわっている。63（昭和38）年には、ケーブルテレビによる全国初のスタジオ生放送を行うなど、広い分野でそのアイデアマンぶりを発揮し、89（平成元）年、郡上の地に骨を埋めることとなった。

（平成22年2月26日掲載　河合浩司）

紙漉き支える職人技

簀編み技術の継承に尽力

和紙用具職人　古田要三　美濃市

厳しい日差しの中、板取川に鮎釣りの竿《さお》が並ぶ美濃市牧谷地区は、本美濃紙の里である。

その里に、50年間紙漉《す》き用具を作り続けて美濃の和紙を支えた男がいた。古田要三《ふるたようぞう》（美濃市蕨生《わらび》、大正13年生まれ）である。

手漉き和紙用具の技術伝承に生涯を注いだ古田要三　遺族提供

幼くして隣家の叔母夫婦の養子となった要三は、旧制武義中学（現武義高校）で学び、三菱電機名古屋製作所に入社後、陸軍士官学校に合格して従軍した。終戦によって実家に戻った要三は、職業軍人を志していただけに1年ほどは何も手につかなかったという。

「当時の自分にできたのは、体の弱かった父常市を支えて簀《す》を編む仕事を継ぐこと。先のことは何も考えなかった」と、要三は語っている。

紙を漉く長方形の枠を桁《けた》と言い、桁の内に張られている細い竹ひごで編まれたものが簀《す》である。簀には何百本もの竹ひごが使われるが、大切なことは竹ひごが均質で等間隔なことである。ひごにささくれがあったり間隔に狂いがあると漉いた紙に傷が残る。幅が1メートルを超える簀を編むためには1本40センチに満たないひごを何本か継がなければならない。その継ぎ目がいかに美しいかで紙の評価が違ってくる。

要三が学んだのは、常市が得意とした削《そ》ぎ継ぎの技術である。削ぎ継ぎとは、ひごの切り口を曲線的にし、同形の断面を合わせて1本のひごのように継ぐ技法である。技術が正確であれば、ひごを斜めに切って継ぐより密着度が高くなり、継ぎ目がめだたなくなる。1本が1ミリより細いひごの細工であるため、極度の精緻さが求められる。本美濃紙の簀に欠くことのできない技法である。

蕨生にある要三宅は、板取川の北岸に沿って上野《かみの》、乙狩《おとがり》などの紙漉き村に通じる道に面していた。このように、紙漉き村の関所のような位置に簀編みが居を構えるのは高知や埼玉にも共通した知恵であった。

紙漉き達は、要三が編んだ簀を背にかつぎ、自転車に乗って持ち帰った。簀を自転車にくくりつけるようなことはせず、どの紙漉きの家にも2、3本、簀の予備を置くほど大切にしたという。

要三の実兄で紙漉きの行三《こうぞう》（元本美濃紙保存会会長）は、「当時紙漉きは1日の仕事が終わると、河原で提灯《ちょうちん》をつけて簀を洗った。栗《くり》のいがで簀の目の繊維をていねいに取り除いた。そうした折、親には、自分がつまずいて倒れても簀だけは上げていろと言われた」と語っている。

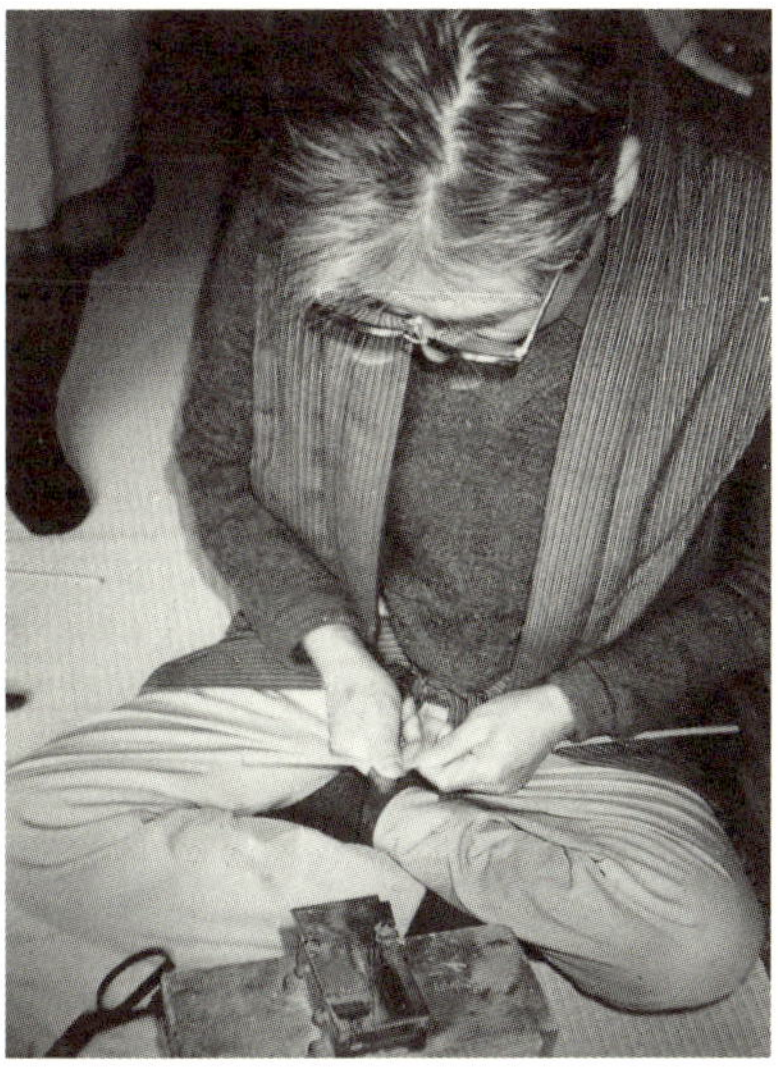

要三があやめと結婚したのは1949（昭和24）年。その頃から紙漉きに陰りが見え始めたが、一気に減ったのは60年からの10年である。手漉き和紙の世界に厳しい風が吹いても、要三は朝8時から夜10時まで、土日も無く働いた。「夜のほうが集中できる」と、子どもが寝た後、1時、2時まで妻と編むこともあった。普通ならば1人で週1枚しか編めない簀を、多い月は2人で20枚以上編んだという。

現在も要三の生家で紙を漉く長谷川聡（兄、行三の弟子）は「要三さんは職人肌で、年中コツコツ仕事を続ける簀編みが性分に合っていた。自分の仕事に納得し、よい人生だったと思っているでしょう」と思い起こす。

83（昭和58）年、要三は文化庁が管轄する全国手漉和紙用具製作技術保存会の会長となったが、その後も一職人としておごることなく簀を編み続けた。

そんな要三の表情が緩むのは川や山に出かける時であった。「鮎や松茸《まつたけ》など、山野に遊ぶことと子の成長が要三の楽しみだった」と妻のあやめは語る。

晩年、要三は簀編み技術の継承を気にかけていたが、志ある若者が内弟子となり、要三の期待に応えた。

97（平成9）年の正月に要三は73年の人生を閉じたが、要三の技術は今も紙漉きを支え続けている。

（平成23年8月26日掲載　小野木卓）

オルガン造りに生涯

欧州各地で研究　歴史的修復手掛ける

パイプオルガン建造家　辻　宏　白川町

スペインとイタリアで2006（平成18）年5月、前年の12月に亡くなった日本人パイプオルガン建造家・辻宏《つじひろし》の追悼ミサが、辻の修復したオルガンの奏楽の中で営まれた。

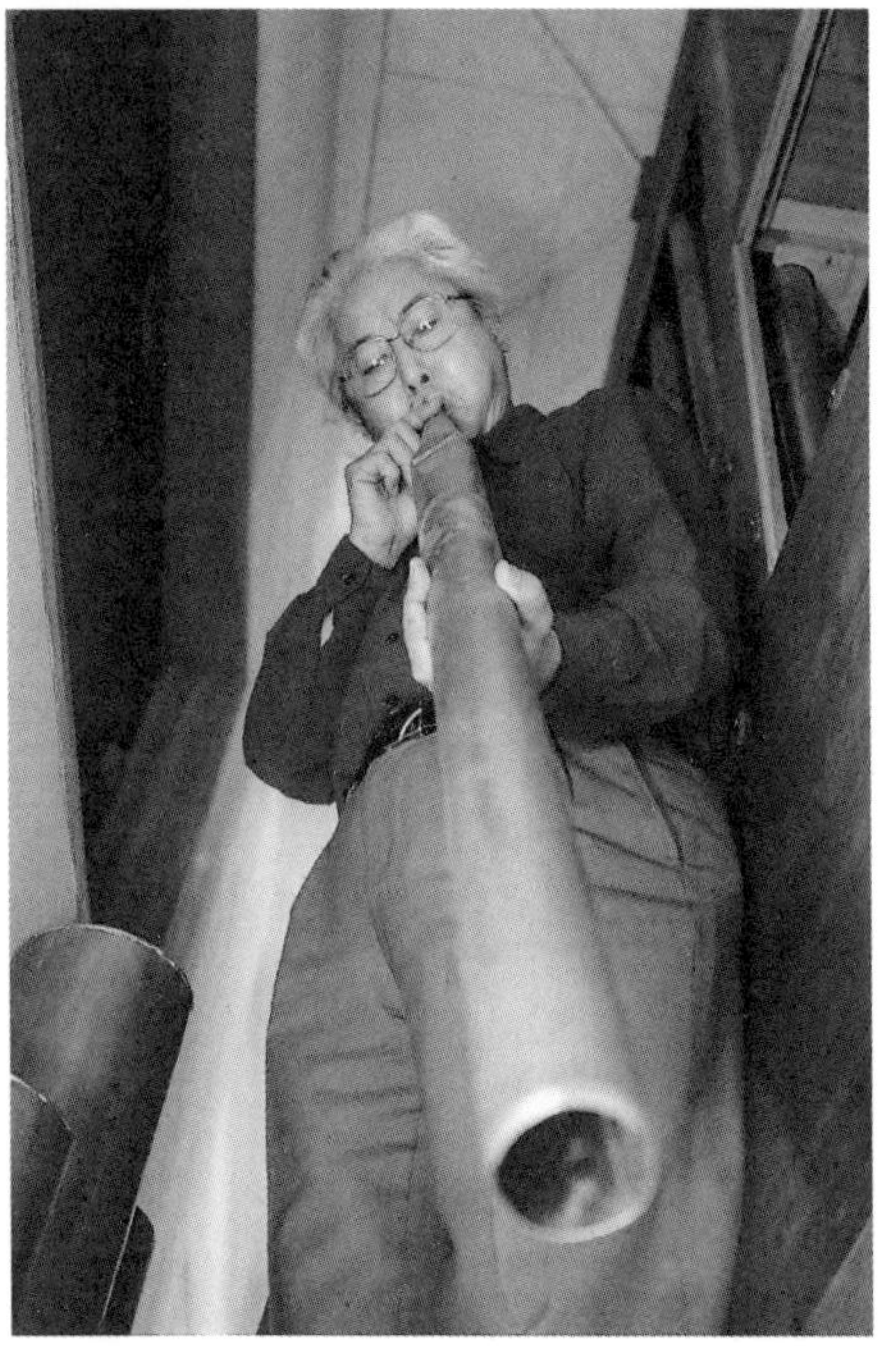
パイプを吹いて調整する辻宏　個人蔵

辻は1933（昭和8）年に愛知県勝川町《かちがわ》（現春日井市）で生まれ、東京芸大卒業後、日本には満足な音を出すパイプオルガンがないことを嘆き、「バッハらが生涯をかけて演奏し、作曲し続けた美しいオルガンに出会いたい」との思いから、欧米でオルガン建造の修業をした。帰国後の64年、神奈川県座間《ざま》市に工房を設け、日本でのパイプオルガン造りに取り掛かった。

その後、工房が手狭になり、かつて訪れた岐阜県白川町黒川《くろかわ》にある小学校の廃校舎に移転を決めた。ここには制作に必要な静けさがあり、優れた木材と加工技術を得やすく、木材の乾燥に適した広い場所があった。76年に教室などを改造して「辻オルガン」とし、すべて国産の〝本物のオルガン造り〟を仲間とともに始めた。

制作の傍ら、オルガンに触れるためヨーロッパ各地を訪れ、研究を重ねた。80年にイタリアの小都市ピストイア市の教会で18世紀に造られたオルガンの音を聴き、それまでに学んできたオランダ、ドイツのオルガンの音色とは全く異なる世界を知り、イタリア様式のオルガン制作を夢見るようになった。

幸い同年、ピストイアの音楽院にある小型オルガンの複製制作を依頼され、世界的にも注目された。これをきっかけにピストイアの教会やスペインのサラマンカ市大聖堂などの歴史的オルガンの修復を手掛け、よみがえらせた。これらの功績が認められ、84年にはピストイア市から外国人初の名誉市民章が授与された。

辻が古いオルガンの修復に力を入れたのは、修復によって古い美しい音をよみがえらせるとともに、失われた制作技術を得られる可能性があったからだ。「息の楽器だから」とパイプ一本一本を口で吹き、難しい調整をした。

辻は岐阜県美術館にピストイア市のサンタマリア聖堂の複製となるオルガンを制作するなど、生涯で81台のオルガンを建造した。制作を支えてきた妻紀子《としこ》は、「本当に好きな仕事ができて何て幸せなんだろう」と、いつも辻は話していたと言う。

辻の制作したオルガンを縁に、ピストイア市と白川町は94（平成６）年に姉妹都市となり、中学生を派遣するなどの交流が続いている。

（平成21年5月22日掲載　早川克司）

高品質の国産ギター製作

優れた木工技術の匠を育てる

ヤイリギター前社長　矢入一男　可児市

「高品質より我《われ》ら生きる道なし」。この信念を終生貫き、世界中のミュージシャンやギター愛好家から愛された男がいる。「K・ヤイリ」のブランド名で知られる株式会社ヤイリギター前社長の矢入《やいり》一男《かずお》（1932〜2014年）である。

矢入一男

　戦時中、名古屋市から母の実家（現可児市）に家族で移住し、1951（昭和26）年、父の経営する矢入楽器製作所（ヤイリギターの前身）に入社した。戦後間もない当時、教育用木琴や陶器梱包《こんぽう》用の木箱が工場の主な製品であった。

　転機が訪れたのは60年代の初めのことである。取引先で出会った商社マンから、アコースティックギター（フォークギター）輸出販売の話が舞い込んだ。当時、国内では本格的な製品が生産されておらず、以前から興味を抱いていた一男は以後、ギター製作に邁進《まいしん》することとなった。

　62（昭和37）年、製品開発と販売ルート開拓のため渡米した。米国では、日本製のギターがことごとく玩具としてスーパーマーケットにつり下げられているありさまであった。この様相に、技量を備えた木工職人としての一男のプライドに火がつき、楽器として質の高いギターを作りたいという思いがふつふつと湧き起こった。

　帰国後、米国で購入した幾多の製品を解体し、徹底的に研究を重ねた。一男には、日本の木工技術をもってすれば外観を形成するのはたやすいという自負があった。しかし、見栄えの良い外観はできたものの、楽器の命である音については納得のいくものができなかった。その後も材質、製造法、風土の違いなどさまざまな角度から研究を重ねた。そして、ギター先進国、米国製品のコピーではなく、日本

製として、ヤイリ独自のギターづくり、音づくりを目指した。

骨董《こっとう》市で木製品を見て回るのが殊《こと》の外《ほか》好きであった一男は、木材についての知識が豊富で、その才能を生かし、各地に赴き、良質な材の確保を行った。また、豊かな音を生み出すため、ギターの表面板に、割れるリスクを伴う単価の高い一枚板（単板）を全ての機種に採用し、脱ベニヤ（合板）を図った。そして、従来のギター製作にとらわれず、日本人の体に合った大きさ、デザイン性豊かな製品などを次々と開発した。さらには、愛着を持って末永くギターを使ってもらいたいと、会社の修理部門を強化し永久保証を付けた。

70（昭和45）年に社長となった一男はこれらの経営方針の下、30人ほどの社員で、個人オーダーや多様な注文に応じることができる、質の高い職人集団を育て上げた。

ヤイリの匠《たくみ》、小池健司（1963年入社）は次のように語る。「勤務終了後や休日でも、機械や木材を存分に使わせてもらえ、おかげで自分の思いついた試作品を次々と作り、職人としての腕を磨くことができた。また、創造性豊かな社長（一男）の考えを、形にするのが私たちの仕事であった。そして何よりも、社長から家族同様にしてもらい、躊躇《ちゅうちょ》せず意見が言えた。懐の深い人だった」

ヤイリギター店内

高品質の国産にこだわり続けた「K・ヤイリ」の製品ラベルには「KANI　GIFU　JAPAN」と刻まれている。一男の想いは現社長や匠たちに受け継がれ、今日も可児から世界へと広がっている。

・写真はすべて白井智氏提供

（平成27年10月30日掲載　河合浩司）

地域の力でボート王国に

川辺の未来を切り開くために

川辺漕艇場　川辺町

山川橋に立ち、北を眺めると川幅200メートルに満々と水をたたえる飛騨川が見える。両岸は小高くなっており、学校、工場、民家が並ぶ。遠くには新山川橋の赤いアーチ。地形的に風の影響を受けにくい湖面には練習中のボートが力強く進んでいる。

ここは加茂郡川辺町にある川辺漕艇場《かわべそうてい》で、スイスのロットシー湖のボートコースに似ているといわれる。川辺ダムによる湖を利用して1970（昭和45）年に誕生した。当時のボート競技は、恵那峡を中核として行われており、65年の岐阜国体を皮切りに、68年の福井国体まで、高校女子は4連覇の偉業を達成していた。岐阜国体当時、加茂高等学校ボート部から岐阜大学教育学部に進学した横山厚志《よこやまあつし》（川辺町福島）は大学卒業後、恵那高等学校に赴任し、ボート部を指導しながら、故郷の川辺ダム湖に漕艇場を造るよう関係筋に訴えた。

当時の町長であった田原太義は、「残念だが川辺町にはこれといった文化もない。全国的に活躍し、功績を挙げた人も少ない。だからこそ、川辺ダム湖が、ボート競技に最適な環境であるならば、それを活用することは、町として大いに意義のあることだ」と漕艇場の建設を決断した。田原は、山本副知事をはじめ漁業組合や砂利採取業者等と調整を図り、誕生にこぎ着けたのであった。

川辺漕艇場（加茂郡川辺町）

その頃、若くして高校のボート競技指導の中核となっていた横山は、ボート競技県大会を、国体会場であった恵那峡ではなく、川辺漕艇場で行うようにした。実家近くの河畔にテントを張り、大会本部とし、実家を選手の休憩所に開放した。ボート競技のコース造りも、仲間と力を合わせて行った。事実上の川辺漕艇場の幕開けであった。

72年には、町を挙げて全国女子高松宮杯レガッタを誘致した。これをきっかけに、各種の大会を、川辺で行うようになり、88年には、東アジアボート選手権大会も開催された。

町内には、ボートに興味を示す子どもも増え、スポーツ少年団ボート部が結成されるとともに、73年には、県内で唯一の中学校ボート部が川辺中学校に設立された。川辺漕艇場の評価が高まるにつれ、企業チームも艇庫を作り、練習するようになった。各種大会が開かれるたびに、町民は、大会の運営を手伝ったり、競技を観戦したり、応援したりしていたのだが、自分たちもやってみたいという思いが強くなり、89（平成元）年、「川辺町民ふれあいレガッタ」が始まった。２０１２（平成24）年のぎふ清流国体ボート競技会を機に、名称は「かわべ清流レガッタ」に変更されたが、今年で26回目を迎え、８月２日には１１２チームを迎え、盛大に開催された。

かわべ清流レガッタ会場

ボートを名実ともに町民のものとするために、町内の経営者たちが集まり、「いぎょうの会」を結成し、小学校から社会人まで一貫したボート教育を行うことで、世界に通用する選手を育てようと「川辺ボートアカデミー」の設立を計画している。また、川辺漕艇場で世界大会を行えるようにするために、現在の１０００メートルのコースを倍の２０００メートルに改造するよう、行政と一体となって検討している。川辺をボート王国にという地域の願いはますます膨らんでいく。

（平成27年８月28日掲載　横田稔）

第六章　磨く

情熱と努力

ふるさとを支えに熱い情熱とたゆまぬ努力で
自らの才能を大きく開花させた人々、
また、自らの世界を築いた人々

修行積み常楽寺建立

一族と禅宗を根付かす

禅僧　徳雲浄祥

関市

徳雲浄祥　臨川寺所蔵

名匠元重を祖とし御番鍛冶や「関七流の鍛冶」を輩出し、「関の孫六」で知られる金子家も江戸時代に入ると、道具の商いを生業とするようになった。戦国時代が終わり泰平の世となり、実用の刀の需要が激減したためである。

このように苦境の金子家に、1623（元和9）年、八郎兵衛（後の徳雲浄祥《とくうんじょうしょう》）は生まれた。

幼小のころより商いを覚え、成長すると家計を支えるため、小刀や剃刀《かみそり》など重い鉄物を背負い、一心不乱に商いをし、着実に財をなしていった。

一方、近江（滋賀県）で商いを始めた末弟宗三郎（法名浄閑）も南部盛岡（岩手県）との往復商売が繁盛し、京都烏丸へ進出後も、ますます順調で大きな財をなした。そして兄の商売をも助けた。

ところで1668（寛文8）年、中国からの渡来僧隠元《いんげん》禅師が伝えた禅宗（黄檗《おうばく》宗）を広めるため僧潮音道海《ちょうおんどうかい》が西田原（現関市）の小松寺を再興し、連日説法していた。

木魚（もくぎょ＝隠元ら渡来僧が伝えたもの）をリズミカルにたたき、唐音（中国語）で読むお経などは鎖国で閉ざされた人々にとって新鮮な驚きであった。また、貧民やこじきにも米や銭を施し、衆生の救済を説く説法は、人々を引きつけた。この評判を聞いて、集まった男女群衆の中に八郎兵衛の姿もあった。

その後、小松寺への参詣者が日を追うごとに増え、役人が往来を禁止したほどであったが、八郎兵衛は、監視の目をくぐり、熱心に説法を聞き修行を行った。

１６８３（天和３）年、商売を軌道に乗せ、家運を立て直すと息子孫六に家督を譲り、自らは剃髪《ていはつ》し「徳雲浄祥」となった。

そして１６８９（元禄2）年には、発願して一ツ山町（現関市）に常楽《じょうらく》庵を建立した。この庵の本尊は、弟浄閑が寄進した。

新地に仏殿建立することを幕府が禁止していた時代だったが、息子孫六の働きかけもあり、やがて寺号免許が届き常楽寺となった。

庵から、万古不易の寺となり、一六九九（元禄十二）年、弟浄閑は、永年、自宅で礼拝供養してきた三尊仏を息子たちの同意を得て、常楽寺に寄進する決心をし、寺に送ってきた。

この後、三尊仏が本尊となった。

このように弟や息子ら金子一族の支えもあり新しい禅宗を根付かせる徳雲和尚の願いは成就していったが、１７１２（正徳2）年、体の衰えが進み、徳雲和尚は90歳で入滅した。

時代や文化の激しい変化を前向きに受けとめ、大願成就させた浄祥の生涯から、「関の町衆」の息づかいを感じとることができる。


（平成22年3月26日掲載　黒野幸男）

新しい禅風を広める

水利権争議調停　尾張藩の介入許さず

黄檗の禅僧　**潮音道海**　関市

インゲン豆を持参し、来日したことでも知られる中国僧隠元《いんげん》は1661（寛文元）年、山城国（京都府）宇治に黄《おう》檗山萬福《ばくさんまんぷく》寺を開創した。

臨川寺に伝わる潮音道海の木像　臨川寺所蔵

隠元の後継者木庵《もくあん》の下で頭角を現し、黄檗布教の中心人物として活躍したのが潮音道海《ちょうおんどうかい》だ。

潮音は1628（寛永5）年、肥前国（佐賀県）小城に生まれ、13歳で出家した。17歳で佐賀を離れ、山城国や近江国（滋賀県）の寺で修行を重ねた。

54（承応3）年、高僧隠元の来日を聞いて長崎へ向かったが、入門は許されなかった。7年後に中国の本で隠元の偉大さを知り、過去の非礼を悔いて再び入門を願い、参禅を許された。入門後の修行や仕事ぶりは「金剛仏」とも称えられた。69（寛文9）年には、関東地方で大名や旗本相手に布教をしていた縁もあり、上野国（群馬県）館林藩の官寺である「廣済寺」住職となった。館林25万石の藩主は、後の徳川綱吉で、藩主と生母桂昌院《けいしょういん》からも厚い帰依《きえ》を受けた。

潮音と中濃地域との縁は、60（万治3）年に美濃国（岐阜県）武儀郡（関市）小屋名の臨川《りんせん》寺に住職として迎えられた時に始まる。翌年には、同郡西田原の小松寺の住職にもなり、布教が始まった。

後の将軍をも感動させるほどの説法が評判を呼び、旧関郷から小松寺の往来を町役人が禁止したほどだった。こうした評判は、民衆が名声にあこがれたためだけではなかった。潮音は、この土地の人々の生活にも深くかかわった。

77（延宝5）年、曽代用水の水利権をめぐって下有知村と小屋名村などの争議があった際に尾張藩の介入を許さず、無事調停に成功している。翌々年には、小松寺近くの津保川が洪水のときなどに水死者を多く出すことを聞き、渡し船を造らせ、貧しい人々を「渡し子」として雇い、往来できるようにした。晩年、伊勢神宮にかかわる偽書事件に連座し罰せられるが、その名声は衰えることはなかった。

95（元禄8）年、隠元の23回忌法要のため、群馬を出発し、萬福寺での法要を済ませた帰路、縁の深い臨川寺に滞在した。しかし、臨川寺殿堂改築の指示の途中、病が悪化し、8月24日に示寂した。

隠元が伝え、潮音らが広めた新しい禅風が、中濃の地をどう変えたのか。さらに解き明かされる日が来ることを期待している。


（平成21年6月26日掲載　黒野幸男）

弥勒寺を本拠に活躍

木造仏彫り、和歌に情熱

僧 円空 関市

美濃国で1632（寛永9）年に生まれた円空《えんくう》は若くして出家し、北海道から近畿地方の諸国を巡り、各地の霊山で修行を重ねた。この間、おびただしい数の木造仏を彫り続け、全国に5200体ほどを残した。

関市は円空とゆかりの深い土地で、円空が中興した弥勒寺（同市池尻）や円空入定塚がある。その近くにある関市円空館には、近隣に残る数多くの円空仏が展示されている。

一方、同市洞戸の高賀神社と隣接した円空記念館には、円空仏とともに円空が書きつづった数多くの和歌が残されている。

円空は高賀神社の大般若経を修復する際、巻物形式を折

円空　千光寺所蔵

円空塚（関市池尻）

り本形式に改め、その写経の裏に自作の和歌を書きつづった紙を貼った。これらの和歌には符号が付けられたり、墨塗りの消しや書き加えがあり、円空自身の推敲《すいこう》の跡が残っている。

同時に「元禄五年壬申歴五月吉日」と記された紙片も見つかり、大般若経の修復が１６９２（元禄５）年に行われたことも分かった。

円空の和歌は、１９５８（昭和33）年に円空研究家の土屋常義が約五百首を発見した。60年には円空学会理事長の長谷川公茂が八百余首、２００２（平成14）年には元興寺文化財研究所（奈良県）が五十首を確認している。

そのほかに星宮神社（郡上市）に三首、千光寺（高山市）に「袈裟百首」が残されており、全国で千六百余首が確認されている。

円空仏　関市観光協会提供

円空の和歌を高賀神社で発見した円空学会理事長の長谷川は「宮司と私は傷んだ折り本写経から円空上人真筆の紙片を見つけるたびに、さながら宝玉を掘り当てたような感動で手を取り合って感激したことを、今も覚えている」と語っている。

高賀神社に残る「幾度も　たへても立る　三会の寺五十六億　末の世までも」の和歌は、音楽寺（愛知県江南市）に残る円空仏の護法神像の背にも書かれており、円空の思いが込められた和歌の一つである。

晩年、弥勒寺を本拠地として活躍した円空は１６９５（元禄８）年、64年にわたる生涯を終えた。

円空仏とともに円空の残した和歌を探ることも、円空の生きざまに触れる一つの手だてではないだろうか。

（平成21年2月27日掲載　藤田佳一）

美濃で禅の修行積む

生涯座禅する地と決意

禅僧 白隠慧鶴
美濃加茂市

「駿河には過ぎたるものが二つあり 富士のお山と原の白隠」と言われた江戸中期の高僧・白隠慧鶴《はくいんえかく》は、1685（貞享2）年に駿河の原宿（現静岡県沼津市）で生まれた。

11歳の時に寺で聞いた地獄の話に、夏の山河でセミやトンボ、カエルを殺した自分は地獄に落ちると恐れおののいた。それがきっかけとなり、15歳を迎えて郷里の松蔭寺で出家。19歳で行脚に出るが、詩文や墨書に心を奪われ、出家したことを迷った。

しかし、20歳となって大垣の瑞雲寺で中国明代の禅修行の書物に出合い、唐代の僧・慈明和尚が足に錐《きり》を刺して眠気を払い、修行に専心したことを知り、反省した。以後、若狭（福井県）、伊予（愛媛県）、越後（新潟県）などの諸国を巡り、飲まず、食わず、眠らずで死をも辞さない苦行に没頭、悟りの境地に達した。

ところが過ぎた修行がたたり、26歳でいわゆる心身症（白隠は著作に禅病と記している）を患ってしまう。岐阜の霊松院で修行するが、京都の白幽真人を訪ね、内観の療法を授かり病を克服した。

1715（正徳5）年、30歳で再び来岐し、洞戸の保福寺、岐阜の霊松院で修行。そして、俗界を離れた地を求めて山之上村（現美濃加茂市山之上町）の岩滝山に入った。山また山で、人影もわずかなこの地を白隠は大いに気に入り、生涯座禅を行う場と決意したと伝えられている。

白隠禅師座禅岩（賑済寺周辺の岩滝山白隠禅師遺跡）

さらに、辺りを一望できる場所にあった大岩を座禅岩とし、そこから望める山を富士山（現山之上富士）と名付けた。ふるさと駿河の富士山と重ねたのであろう。白隠にとって富士山とは、禅の究極の真理を求める象徴であり、禅画にも描いている。

「白隠自画像」白隠慧鶴画
（白隠83歳の作・静岡県重要文化財）
静岡県三島市龍澤寺所蔵
三島市教育委員会提供写真
自讃の句意
「千仏のおる所では千仏からことごとく嫌われ、仏法をほろぼす魔道のおる所では、群魔から憎まれる、この和尚。今ごろはやっている禅の過ちを徹底的に批判し、因果を無視した、近ごろの無眼子の禅僧を皆殺しにしてきたのが、この醜悪なる坊主であるが、ここに画面に入って、さらに一層の醜悪を添えた」

父の病の知らせで郷里に戻らざるを得なくなるまでの1年9カ月の間、山之上村の鹿野善兵衛は、白隠を献身的に助け、現在の賑済寺となる庵を建てた。悟りの境地に達し、病を克服した白隠にとって、山之上村は満ち足りた座禅三《ざん》昧《まい》の地であったに違いない。

駿河に戻った翌年、「富嶽は雪に隠れていて、それで東海の天をおさえる」との例えから白隠と号し、42歳で悟り切る。現在に伝わる禅の思想は白隠から始まったと言われているが、美濃はその出発の地と言えそうだ。

1984（昭和59）年、美濃加茂の人々の間で白隠顕彰会がつくられ、賑済寺周辺の座禅岩などを整備し顕彰碑を建立した。座禅岩を含む岩滝山一帯を白隠禅師遺跡とし、白隠の足跡を伝えている。

（平成21年11月27日掲載　熊崎康文）

瑞龍寺中興の祖

白隠の臨済禅受け継ぐ

僧侶　隠山惟琰

関市洞戸

生涯に1万点に及ぶ書画を残し、臨済宗中興の祖と仰がれた傑僧、白隠慧鶴《はくいんえかく》の作品展が今年、東京・渋谷のデパートで開催された。難しい禅の教えを分かりやすく表した墨跡は、力強く真に迫るものがあった。

その白隠の法を継いだ孫弟子で、現在の臨済宗妙心寺派の隆盛を築いたのが、洞戸（関市）で育った隠山惟琰《いんざんいえん》である。

瑞龍寺に残る軸に描かれた
隠山惟琰の像

隠山は1751（宝暦元）年、石徹《いと》白《しろ》の白山中居神社の神職、杉本左近の子として生まれた。この頃、石徹白では神社の主導権をめぐり、石徹白騒動が起き、追放された村人から多くの餓死者を出した。石徹白を追放された左近はわが子を騒動に巻き込みたくないとの思いから、知り合いをたどって洞戸の商家に預けることとした。

その後、育ての親の愛情をたっぷり受け、大変賢く育ち、9歳の時洞戸の興徳寺の老山《ろうざん》のもとで仏門に入り惟琰と名付けられた。8年間老山のもとで修行に励むが「生死は重大ながら無常は迅速である。むなしく歳月を過ごされようか」といい、老山のもとを離れた。

隠山が得度した興徳寺

瑞龍寺の鶴棲院にある墓

19歳の時、武蔵国永田（横浜市）の東輝庵の月船《げっせん》に弟子入りを願うが、すぐには許されず、7日間門前で必死に入門を願った。参禅を許された隠山は7年間の修行の後、雲水となって諸国を回った。そして31歳の時、洞戸に帰り、梅泉寺の第2世となった。

39歳の時、月船の直弟子である峨山《がざん》が晩年の白隠に参じ禅を受け継いだとの名声を聞き、江戸へ向かい教えを受ける。3年後、再び峨山を訪れ教えを受けるが、禅問答で何度も突き放され、その返答にさらなる怒りをかい、失意のうちに洞戸へ帰った。そして、若き白隠も修行を重ねた洞戸や中濃の地で自らを見詰め直した。そんな時、峨山が清泰寺（美濃市）、梅龍寺（関市）など美濃の地へやって来た。この機会に再び教えを受け、ついに印証を得て白隠の禅を受け継ぐこととなった。

その後、梅龍寺で弟子を集めて講義を行った。さらに堅相寺（山県市）では隠山が白隠の教えを継ぐ僧であるとの名声を聞き、50人の雲水が集まった。

50歳の時、岐阜市の名刹《めいさつ》瑞龍寺の復興を頼まれた。この時修行に励んだ雲水は70余人に及んだという。その後も、各地で講義を行い、隠山の名は広く知られるようになった。

58歳の時、朝廷より僧侶としての最高の栄誉である紫衣を賜り、翌年妙心寺において開山の関山《かんざん》の450年法要の導師を務め光格天皇に拝謁《はいえつ》した。その後、瑞龍寺の鶴棲院《かくせいいん》を中興し、1814（文化11）年に64歳で亡くなった。この時朝廷から正燈円照禅師の称号を賜った。

このように、隠山の教えは洞戸の山里から出て大きな流れとなって、広がっていった。

来年は隠山が亡くなって200年、瑞龍寺では中興の祖の法要が営まれる。今でも隠山の遺徳はしのばれている。

（平成25年8月30日掲載　後藤章）

文学に写実主義提唱

演劇革新運動でも功績

文学者　坪内逍遥

美濃加茂市

坪内逍遥《つぼうちしょうよう》の偉業は、教科書にも載っているように広く知られている。1885（明治18）年に『小説神髄』を発表、写実主義を提唱して、その後の日本文学に多大な影響を与えた。さらに演劇の革新運動でも功績を残し、『桐一葉』など多くの戯曲を発表するとともに演劇研究所を設立して松井須磨子らの名優を育てた。

美濃加茂市内の太田虚空蔵堂のムクノキの前で撮られた坪内逍遙とセン夫妻
美濃加茂市民ミュージアム所蔵

逍遥は、59（安政6）年に加茂郡太田村（現美濃加茂市）の尾張藩太田代官所の役宅（現市立太田小学校付近）で生まれた。10歳までを当地で過ごしたが、父平右衛門の引退により一家は名古屋の笹島（現名古屋駅周辺）に移った。逍遥は寺子屋で学ぶ一方、貸本屋の「大惣」で多くの本を読み曲亭（滝沢）馬琴に心酔した。また母や姉に連れられ歌舞伎見物もよくしたという。15歳で愛知英語学校（現愛知県立旭丘高校）に入り、シェークスピアの『ハムレット』を学び感銘を覚えた。

17歳で上京、愛知県選抜生として開成学校（現東京大学）に入学したが、母と父の相次ぐ死や県給費生資格の失効と悲運に見舞われた。しかし文学への情熱はうせることなく執筆活動も続け、24歳で卒業して東京専門学校（現早稲田大学）講師となり、文学士の学位を受けた。

このように逍遥の才能は名古屋で育まれ東京で開花した。しかしその原点は生まれ故郷の太田にあった。10人兄弟の末子の逍遥は、母ミチから絵草紙や百人一首を読んでもらい、兄たちからは読み書きを習い、「未年《ひつじ》生まれの紙食い虫」と呼ばれるほど紙をもらっては書き散らしていたという。また近在の子らとツバキの実で「木の実振り」という戦争を模した遊びに夢中になり、これが「劇に対する趣味性を涵養《かんよう》した」と回想している。文学や演劇の芽は、幼少期を過ごしたまさに当地で膨らんでいたのである。

逍遥はその故郷を決して忘れることはなかった。60歳の時に妻センと訪れ「山椿　咲けるを見れば　ふるさとを幼き時を　神の代をおもふ」(美濃加茂市内祐泉寺歌碑)と、その思いを歌に残して生家近くにあるムクノキの前で二人は記念写真に収まった。また請われて現市立蜂屋小学校の校歌も作詞した。そして生涯をかけて研究したシェークスピア作品を翻訳し、全集が刊行されるのを見て、1935(昭和10)年に熱海(静岡県)の住居「双柿舎《そうししゃ》」で75歳の生涯を閉じた。

中山道宿場町の風情を残す美濃加茂市は、逍遥を誇りに思い美濃加茂市民ミュージアムに縁の品を展示し顕彰するとともに、逍遥大賞を創設して文化功労者をたたえている。早稲田大学も同学文学科と同中学校を創設した逍遥をたたえ、当市と文化交流協定を結んで同様の大賞を設けた。また逍遥の発案により建てられた同大学演劇博物館は、今も演劇や文学などさまざまな分野の研究に貢献している。今もなお逍遥は、地域や地域を越えて広く人々の文化の向上に貢献しているのである。

(平成23年3月25日掲載　髙木和泉)

短詩型文芸を提唱

地元同人らと句会で交流

漫俳の祖　岡本一平　美濃加茂市・白川町

《南瓜《かぼちゃ》棚　中に家あり関の町　一平》

戦後間もないころ、岡本一平《おかもといっぺい》が武儀高女（現関高校）に招かれ、講演の席で詠んだ漫俳《まんぱい》である。

一平は1886（明治19）年、北海道で生まれた。その後、東京に転居し、中学卒業後に絵画を学び、東京美術学校に入学した。1910年、卒業の年に歌人で小説家の大貫かの子と結婚し、翌年に現代美術家の太郎が生まれた。

岡本一平

12（大正元）年、朝日新聞に入社し、紙上に機知に富んだ文章を添えたこま画という漫画漫文を創始、これを夏目漱石が絶賛した。

金華山をバックにたたずむ「未来を拓く塔」

当時は「時の宰相の名を知らなくても岡本一平の名前を知らない者はない」とまで言われた。

高校野球の熱闘で知られる甲子園球場の「アルプススタンド」という言葉も、彼が生みの親である。

一平は一こま漫画を発展させたストーリー漫画の祖と言われ、日本最初の漫画家集団「東京漫画会」を組織、若手漫画家を育てた。

39（昭和14）年に病弱だったかの子が亡くなると遺稿を整理し、発表に没頭した。

戦局が悪化した45年、知人を頼って白川町に疎開し、終戦後も白川町にとどまった。ここで近隣の狂俳愛好者と交流し、46年に俳句や川柳の良さに学んだ新しい五・七・五の短詩型文芸「漫俳」を提唱した。

その後、美濃加茂市に転居し、ここを拠点に白川町の同人らと漫俳の雑誌『漫風』を創刊。首長などの著名人と漫俳の句会を何度か催した。

48年に脳出血で急逝するまで、気軽にあちこちへ出掛け、漫俳の普及とともに人々との交流を深め、「一平さ、一平さ」と親しみを込めて呼ばれた。そのような縁で、冒頭に挙げたように関市にも訪れたわけである。

白川町では今も毎月1回「漫俳句会」が催され、漫俳は地域の文化活動として受け継がれている。

先ごろ刊行された『岐阜の岡本一平』を書いた黒野こうき（坂祝町）は、88（昭和63）年に開かれた「ぎふ中部未来博」のシンボルとして太郎が制作したモニュメント「未来を拓く塔」は、一平ゆかりの地に太郎が残した父親の記念碑に思えると記している。

（平成20年11月21日掲載　熊﨑康文）

追い求めた志野の美

桃山時代の陶器を再現

陶芸家　荒川豊蔵　可児市

荒川豊蔵　荒川豊蔵資料館提供

1930（昭和5）年、荒川豊蔵《あらかわとよぞう》は日本の陶磁器史を覆す大発見をした。可児郡久々利村（現可児市）の大萱《おおがや》の牟田洞古窯跡で、名古屋の旧家に伝わる名陶とされる志野筍《しのたけのこ》絵《え》茶わんと同じ文様の陶片を見つけたのである。

桃山時代の志野などは愛知県の瀬戸での作陶が定説であった。ところが豊蔵は、この陶片発見を機に久々利の大萱や大平の古窯跡を発掘調査し、桃山期の志野・黄瀬戸・織部などは当地を中心に作られていたことを実証したのである。

豊蔵は1894（明治27）年に土岐郡多治見町（現多治見市）に生まれた。12歳から働きはじめ、神戸や多治見の陶磁器商店を経て京都の宮永東山窯の工場長を務め、作陶の技術を身につけた。その頃、東山窯を訪れたのが、後に冒頭の志野筍絵茶わんを豊蔵と共に見る北大路魯山人《ろさんじん》であった。やがて魯山人に望まれ、1927（昭和2）年に豊蔵は京都を離れて鎌倉の星岡窯で作陶することになった。このように妻子を抱えた豊蔵は、生活のために陶器関連の仕事に励んできたのであった。

先の陶片発見はその星岡窯の時であったが、このことが公表されるや、陶片を売ってひともうけをたくらむ人たちの古窯跡発掘ブームとなった。しかし、豊蔵が夢見たものは桃山期の志野や瀬戸黒の再現であった。その夢の実現に向けて33年、豊蔵は星岡窯を辞し、陶片を発見した牟田洞窯跡近くに窯を開いた。

豊蔵は「最も日本的な味わい深い陶器」と自らも認める理想の志野を求めた。しかしそれは、桃山の陶片を手本に釉薬《ゆうやく》となる長石の調合、大萱で採取した土の扱い、志野で重視される火色を出すための窯の中の置き場所など試行錯誤を重ねるという、まさに土と炎との苦闘の連続であった。41（昭和16）年の太平洋戦争直前、その苦労が報われ大阪で初の個展を開くことができた。そして戦争となり窯をたくことも防空上禁じられていたが、窯をシートで覆いながら行ったという。戦中戦後の苦難の時代を経てもなお、豊蔵は志野への夢を抱き続けた。

牟田洞古窯跡碑

そして、豊蔵は桃山期の窯の形状、使われた釉薬や土などの謎を解明し桃山の陶器を再現、「豊蔵の志野」を完成させた。その功績に対し、豊蔵は55年に文化財保護委員会（現文化庁）より志野・瀬戸黒の重要無形文化財技術保持者、いわゆる「人間国宝」に認定された。ついで71年には文化勲章が贈られた。

この受勲について、豊蔵の次男達《たつ》は「志野の作陶技術に加え、志野を焼成した大萱はじめ美濃古窯跡の発見調査という文化的功績に与えられた文化勲章に価値がある」と語っている。

豊蔵の座右の銘は、「縁に随《したが》う」である。豊蔵は陶片の発見を「縁」に陶芸の道を決意したのであり、その縁でつながる大萱の山里に終生居を構えて志野を作り続け、85（昭和60）年に91歳で生涯を閉じた。

今年10月、大萱牟田洞の「随縁」の石碑近くに建つ可児市荒川豊蔵資料館が再オープンする。豊蔵が再現した桃山時代の志野は、今によみがえり、時空を超えた永遠の美となり、当館の訪問者はじめ豊蔵作品に縁ある多くの人々に、これからも感動を与え続けることであろう。

（平成25年6月28日掲載　髙木和泉）

最後まで描き続けた人生

積極的に人材を育成

画家　坪内節太郎　美濃市

「美濃市に住み、庭に多い牡丹《ぼたん》をながめ暮らした…じつに無上の画材といえた。私達の花園生活は幸福以上のものだった」自らの本にこう記したのは、1945（昭和20）年から3年ほどを美濃で暮らした画家坪内節太郎《つぼうちせつたろう》である。

　節太郎の美濃の住まいは書院造りで、その庭には5月になると50株ばかりの牡丹が花をつけた。節太郎が体を壊して訪ねたのが縁となって町医者から借りた家であった。混乱の世情を感じさせない暮らしぶりに見えるが、町を離れる際は人々の餞別《せんべつ》でやっと引越しをしたという。お返しに残していったのが油絵「松風」。長く美濃小学校の講堂に掲げられていたが、現在は校長室で来客を迎えている。

坪内節太郎

　節太郎は05（明治38）年、稲葉郡那加村（現各務原市那加）の雑貨商と養蜂業を営む芝居好きな坪内峯三郎の長男として生まれた。曽祖父は手製の三味線を爪弾き、絵や俳句を添えた手作りのうちわを下男に売りに行かせるような余裕のある暮らしぶりであったが、父は節太郎が10才の時に田畑を売り払い一家で大阪に移り住んだ。

　大阪で父は薪炭業を営んだが、米相場に失敗したため、節太郎は商業学校で学びながら夜は新聞社の給仕をして生計を助けた。事業家を目指していた節太郎が商業学校をやめたのが18才。夜間勤務の新聞社編集部で、芸術・文学の本を読んだり先輩からその種の話を聞いたりして、詩作の道に進む決意をしたためである。詩人への思いはほどなくして画家へと変わり、展覧会（春陽会）に初入選を果たすと上京を決意した。

　東京での節太郎の収入源は雑誌のさし絵。推理作家の江《え》戸川乱歩《どがわらんぽ》や小酒井不木《こさかいふぼく》の全盛期で、人気作品のさし絵依頼は節太郎の力量が認められてのことであった。しかし「さし絵ではなく油絵を売らねば」という先輩の言葉を大変つらく感じる日々であった。

経済的には苦しい画家への道であったが、24歳で国画会展に入選した後は各種展覧会にメンバーとして参加したり会の結成に加わったりして活躍。画壇における節太郎の存在感は徐々に増していった。

戦争が激しくなってきたため、節太郎は美濃町（現美濃市）に疎開した。その暮らしが冒頭の生活である。

美濃町の後、岐阜市へ移った節太郎は積極的に絵画を教えた。大人だけでなく、子ども達の絵画教室も開催した。画家を志す大学生が、大学教員でない節太郎に教えを請うこともあった。その一人画家の石原通男（現中部学院大学教授）は、「モダンな大学の先生に対して庶民的な坪内さん。私にはワインの芸術論より節太郎さんの赤ちょうちんがあっていた」と振り返る。

美濃小学校に飾られている作品「松風」

同じ頃、岐阜市の節太郎宅に展覧会出品作をトラックで運び込む関市役所職員がいた。後藤昭夫（元関市長）である。「うまい絵には詩を感じ、空気を感じ、音やにおいを感じる。20代のころに節太郎さんから学んだことは今でも自分の中にある」と後藤は言う。

54歳で住まいを東京に移した後も節太郎の岐阜通いは20年ほど続き、節太郎の教えを受けた多くの若者が画壇のみならず教育や行政でも活躍するようになった。

この時期の節太郎自身は油絵に加えて水墨画、随筆、俳句などにその才能を発揮した。若いころから胃腸が弱く、用事で出かけても道半ばで帰宅することがしばしばあった節太郎が、無理を押して自分の歩を進めた時期でもある。

節太郎が芥川賞作家の小島信夫と親交を深めたのもこのころで、同郷の小島はさし絵を節太郎に依頼したり節太郎をモデルにした作品を書いたりしている。

晩年の無理が響いてか、節太郎は73歳で腰を捻挫。住まいを岐阜に移して静養したが、翌年12月に生涯を閉じた。

「俺には才能がない。ただ、執念深いのであきらめなかっただけ」と一人娘のり子に語った節太郎。筆を止めたのは亡くなる1週間前。小島と交わした「死ぬまで描く」との約束を果たした終焉《しゅうえん》であった。

（平成26年1月31日掲載　小野木卓）

書究め、楽しさ伝える

競書雑誌を創刊、振興に力

書家　野田白都　郡上市

日展に七回入選した一人の書家の回顧展が、2006（平成18）年に郡上市総合文化センターで開かれた。

集められた作品は、日展の入選作、佐藤良二氏顕彰碑、いくつかの橋名プレート、郡上高校の校歌など、著名な書家らしい秀作がずらりと並んだ。一方ではトレーナー、のれん、着物の帯、手ぬぐいという日常の品に記された作品や、朱入りの手習い半紙まで展示された。

野田白都　野田家所蔵

これらの作品を残した書家こそ野田白都《のだはくと》である。

白都（本名、直二）は1907（明治40）年、大和町剣で生まれた。成人した白都は教職に就き、白鳥町向小駄良《むかいこだら》の小学校に赴任した。当時、向小駄良地区全体で出されるごみより、白都の出すごみが多かったといわれるほど、熱心に書に打ち込んだ。

そういう白都であったからこそ、合格率が5％だった文検（中学校、師範学校の教員資格を取得するための文部省

競書雑誌『書乃友』

教員検定試験）に合格。その後、岐阜県立八幡高等女学校、岐阜県立郡上高等学校などの教員として多くの生徒に書の楽しさを伝え続けた。

白都は、48（昭和23）年、鷲見清嶽《せいごく》、高井望山《ぼうざん》、平林如《じょ》水《すい》らとともに岐阜県の教科書代用参考書を作成した。翌年3月には、県内の小中高の習字書道教育関係の有志教員の力を借りて『書乃友』という競書雑誌を創刊した。

終戦後、小学校の教育課程から毛筆習字の時間がなくなり、中学校でも国語教育の補充としてのみ残されることになったことを受け、競書を行うことで書道の復興を図ったのである。

退職後は、書道教室に力を注いだ。白都の指導は、生徒の向かいに座ったまま、反対側から美しい文字で添削するという名人芸で生徒を驚かせた。とにかく作品の良さを褒めながら、子どもから大人まで多くの市民に書の楽しさを伝えた。

2000（平成12）年に93歳で他界した白都の回顧展に、さまざまな作品が集まったのも、日展作家でありながら気さくに弟子らに接した白都の人柄の表れである。

今でも郡上市の八幡城から殿町を通り、新橋を渡って郡上八幡旧庁舎記念館、新町通りの周辺では、白都の作品をいたるところで見ることができ、街中が個展になっているかのようである。

（平成20年12月26日掲載　横田稔）

県歌壇の発展に尽力

短歌で郷土文化の発展

歌人　大塚青史
関市

《四囲閑寂この浄域に吊るされて渡来の梵鐘世におもねらず》
《高々と積む石垣を仰ぎ見る直ざまにして善光寺本堂》
この二首が刻まれた歌碑は関善光寺の境内にあり、これを詠んだのが、岐阜県歌壇の発展に尽くした大塚青史《おおつかせいし》である。青史（本名佳雄）は1913（大正2）年、武儀郡吉田村（現関市）に生まれた。母方の親戚は芸事を好む人が多く、叔母と従姉が東京に出て歌舞伎の囃子《はやし》方になった。その影響もあり、青史は17歳の時、「関音頭」の唄い手に選ばれ、作詞者の野口雨情から指導を受け、以来、晩年まで盆踊りでは櫓《やぐら》で唄い、「関盆おどり保存会」でも活躍するなど芸能面でも才を発揮した。

大塚青史

そんな青史が短歌に興味を持ったのは、石川啄木《たくぼく》が好きな教師との出会いであったという。やがて自ら歌を作りたいと思うようになり、31（昭和6）年、「関短歌会」に入った。これが短歌にかける人生の始まりとなった。八百津町出身の歌人大脇月甫《おおわきげっぽ》に師事して多くの短歌を発表するとともに、35年の岐阜県歌人協会の発足にあたっては、他団体をまとめ県下歌壇の結集に尽力した。

歌碑除幕式の大塚青史（関市善光寺境内にて）

戦後も青史は、短歌を県下に普及させようと50（昭和25）年に川出宇人が結成した岐阜県歌人クラブに参加した。そこで発表した短歌は高く評価され67（昭和42）年にはクラブ賞を受賞した。その後も、幹部同人として選歌および編集の重責を担った。このように県下歌壇の発展に尽くす一方、65年に東京の短歌結社「砂金」に入って多くの短歌を発表し、76年には「砂金賞」に輝いて全国的歌人としての名声を高めた。

79年、青史は初めての歌集『流木』を発刊した。その代表作の「渦の中逃るすべなく反転を繰り返しつつ傷つく流木」は、今も愛唱されているという。

作歌活動の一方、青史は関市内で六つの短歌グループと洞戸村（現関市）短歌会を指導した。また、岐阜県および各市の文芸祭などでは短歌の選者にもなり、地域の短歌活動の振興に尽くした。これらの活動に対し、関市は85年に関市文化功労者として表彰した。

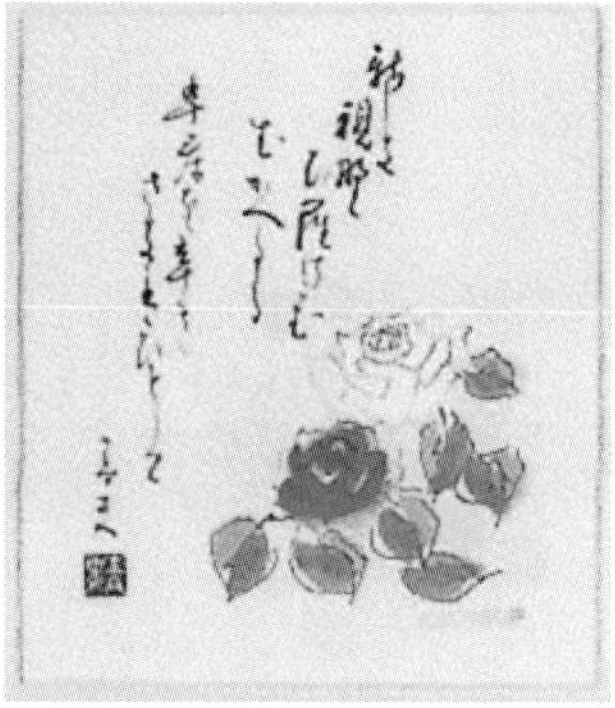
歌・書・絵とも大塚青史作

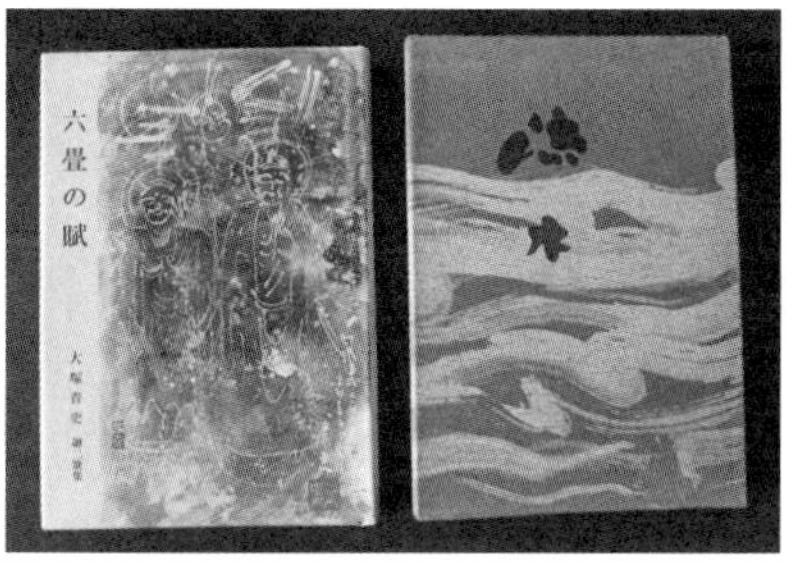

大塚青史の歌集『六畳の賦』・『流木』

冒頭の歌碑は青史が育てた「関歌人会」により2000（平成12）年に建立された。生徒の一人は「私が作るような下手な歌にもいっぱい指導を書いて下さった。誰にでも優しく、腰が低くてちっとも威張ったところがなかった」と青史の人柄を語っている。

青史は、多くの人から次の歌集をと望まれながら病気となり、余命3カ月の告知を受けた。その日から歌集作りに入った青史は「一万首の歌屑は親鸞さんが読み下さりますよ」と、死を受け止めて生涯かけた短歌一万首への思いを語った。そして歌集『六畳の賦』は発刊され、本を手にした翌日、2004（平成16）年、91年の生涯を閉じた。

先の歌碑建立に際し、青史は「郷土文化向上の一翼ともなり、また地方歌人たちの健在を示す象徴としてのモニュメントとなる」と語っているように、短歌をとおして地域文化の発展に貢献した。そして、対象を優しくかつ奥深く見つめる叙情豊かな短歌は、今も多くの人に感動を与え、その歌の心は青史に育てられた多くの歌人に引き継がれている。

（平成26年3月28日掲載　石崎文子）

郡上の魅力を発掘

歴史や文化、全国に伝える

郷土文化誌「郡上」編集長　谷澤幸男　郡上市

谷澤幸男

鮎釣りの解禁に先立ち、多くのファンが待ちこがれ、郡上に初夏の訪れを告げてきたのが「郡上八幡大寄席」である。

永六輔の軽妙洒脱《しゃだつ》な司会進行のもと、落語会の大看板、柳家小三治、入船亭扇橋らが語る噺《はなし》に、聴き入る400余人の聴衆の笑い声が安養寺の本堂を包み込んだ。

大寄席の主催は郷土文化誌「郡上」、その編集長が谷澤《たにざわ》幸男《ゆきお》である。

幸男は1931（昭和6）年、郡上八幡の呉服店に生まれた。高校卒業後、日本大学芸術学部に進学、東京で仕事に就いたが後に郷里に戻り、名称変更して間もない母校関商工高等学校の教師として赴任した。体を壊したことがきっかけでわずか3年で教職を退き、家業の呉服店を継ぐこととなった。郷里の郡上八幡に腰を据えた幸男は、その後さまざまな文化活動に携わることとなる。

法被を着ているのが谷澤幸男氏と写真提供者の古池五十鈴さん

古池五十鈴氏提供

写真撮影が趣味であった幸男は、梅原龍三郎らが14（大正3）年に在野の美術団体として結成した「二科会」の写真部に所属した。

郷土文化誌「郡上」全巻

写真家の土門拳《どもんけん》や二科会写真部の創設会員である秋山庄太郎らが郡上を訪れた折には幸男が各地を案内した。これがきっかけとなり、案内するには自分がもっと郡上を知らなければいけないと、各地を見て回り、土地の人々と会話を交わし、郷里についての知識を蓄えていった。

そんな中で、郷里には素晴らしい文化が根付き、文化の担い手が多く存在していることに気づき、幸男には世間にもっと知ってもらいたいという思いがつのっていった。

郷土文化誌「郡上」には71（昭和46）年創刊号から99（平成11）年第10号（終刊号）まで歴史と文化が満載され、懐かしい郡上が、今を生きる郡上の礎が、数多くの執筆者により鮮やかに映し出されている。そこには郡上紬《つむぎ》の宗広力三、書家の野田白都、小説家の十和田操、演劇家の高田英太郎など「今を築いた中濃の人びと」に当会が執筆させていただいた幾人もの人々が顔を覗《のぞ》かせている。

郷土文化誌「郡上」主催の「郡上八幡大寄席」
古池五十鈴氏提供

それぞれの分野で活躍してきた人々の業績を掘り起こし、広い間口で郡上の文化を仲間と集約した郷土文化誌「郡上」を、永六輔が絶賛し、32年にわたる大寄席が実現した。

幸男の活躍はこればかりではない。旧八幡町役場をはじめとする文化財の保存、新橋架け替えのデザインの提唱、郡上紬の紹介、昔踊りの復活など枚挙にいとまがない。また、さまざまな人々の出版記念会や祝賀会などを精力的に企画し、幅広く世間に知らせた。

郡上ファンというのは全国に思いのほか多い。幸男は訪れる人々を丁寧にもてなした。来訪者が訪れる前に必ず著書に2～3冊は目を通した。無類の読書家であった幸男の自宅には、一般図書館の蔵を超える何万冊もの書籍があり、谷澤は本でつぶれると言わしめたほどである。

映画監督大島渚、女優小山明子、首相夫人三木睦子、映画監督神山征二郎、社会学者鶴見和子、作家山口瞳、民俗学者谷川健一など交友を挙げればきりがない。

人を引きつけてやまない幸男は、２００３（平成15）年に生涯を終えるまで、郷土を歩き、人物を発掘し、仲間を巻き込みながら活躍した。まさに文化活動推進のコーディネーターであった。

（平成24年12月28日掲載　河合浩司）

生命のにじむ句づくり

俳句の魅力を広く伝える

俳人 金子青銅 関市

金子青銅

《あかあかとあとくろぐろと鵜舟かな》

この句を詠んだのが俳人金子《かねこ》青銅《せいどう》である。この一句を含む連作20句は、俳誌『ホトトギス』で活躍した飯田蛇笏《だこつ》を父とする飯田龍太主宰『雲母《うんも》』の1979（昭和54）年の年間賞雲母選賞を受賞した。結社の同人にも推され青銅は俳句作家として世に知られるようになった。

青銅は45（昭和20）年、武儀郡関町（現関市）で米穀薪炭を扱う金子金藏商店の長男として生まれた。関高校3年在学中に父金藏を亡くし、卒業後は名古屋に就職するも、間もなく帰郷して家業に勤《いそ》しみ、店を繁栄させた。青銅が俳句に関心を抱いたのは20代、関市内の俳句同好者が所属する俳句結社「青樹《せいじゅ》」に入ったことによる。先輩から借りた『飯田龍太句集』に衝撃を受け、その後の運命が決まったのであった。

俳人広瀬惟然の弁慶庵にて

《時雨翳《しぐれかげ》りて白砂の琵琶法師》

この一句が読売文学賞などの受賞者である飯田龍太に認められ『雲母』大阪大会で特選を得た。以後も青銅は魅力的な作品を発表し、毎号の最優秀作品である巻頭を8回も得た。

青銅は生涯に3冊の句集を出版した。84（昭和59）年、処女句集である『満月の蟹』出版に際し、師の龍太は「秀作は作ろうとしてできるものではない。それは俳句の恩寵《おんちょう》にあずかるものだ」との言葉を贈った。「恩寵」とは神の恵みの意であるが、青銅は「人生の恩寵にあずかる」と言い替えて自戒の訓とした。俳句を「巨《おお》きな山」と例え、句作に苦悩する日々も重ねたが生涯、師の言葉を励みとした。92（平成4）年『雲母』が終刊するとその後、継誌『白露』の同人となり、白露賞の選考委員にもなった。

《三伏《さんぷく》や美濃の要《かなめ》は金華山》

99（平成11）年にはこの句より名付けた2冊目の句集『三伏』を出版した。

《いのち賭け生命《いのち》を掴む膩蟬《あぶらぜみ》》

これは還暦に際し出版した3冊目の句集『膩蟬』の中の一句である。「膩」とは、ねっとりとした脂肪の意味を持つ言葉であり、自らの病気と向き合い、生命よりにじみ出る思いを俳句に注ごうとしたものであった。

金子青銅の句集

関市文化協会会長の俳人清水青風は「青銅氏を語る上で病との闘いを欠かすことはできない」という。40代の頃に難しい手術を受けて回復するが、60代の頃に再発した。「しかし彼は病院に通い病と闘いながらも俳句を詠み続けた」と語っている。

青銅は自らの病を克服しようと努力する中で生命のにじみ出るような厳しい作句姿勢を貫き通した。また、句会では新人の作品に丁寧に添削するなど、親身な指導で作句の楽しさを教え、NHK学園講師でも俳句の普及に尽力した。

また関市が開催する「全国子ども作品コンクール」の俳句部門では自ら先頭に立ち、「人間は若いころに、正しい日本語の持つ美しさや表意文字の持つ情感、感動あふれる言葉に接することが必ず将来の人間形成の苗床になる」と説いて子どもたちの俳句教育に情熱を注いだ。こうした活動により関市は青銅に文化功労賞を贈った。

しかし、晩年の青銅は、病を抱えながらも周りの人たちに心配させないように気丈に振る舞い、命尽きるまで俳句に情熱を傾けていた。が、２０１０（平成22）年、その65年の生涯を閉じた。

（平成27年1月30日掲載　石崎文子）

おわりに

中濃史談論会

私たち中濃史談論会は、１９９８（平成10）年11月27日に、美濃史学研究会の中濃地域分科会として発足し、翌年から岐阜県美濃地方の歴史的偉人を紹介する「明日をひらいた美濃の人びと」を岐阜新聞に連載しました。

その連載が終わると、中濃地域だけでも継続させたいという動きの中で、美濃史談論会が生まれ、後に中濃史談論会と改名し、２０００（平成12）年８月から06（平成18）年８月までの６年間、中濃地域に生きた人びとの業績や生きざまを紹介する「今を築いた中濃の人びと」を、同じく岐阜新聞に毎月１回（７月は休載）連載してきました。

そして06（平成18）年12月、当連載に前の「明日をひらいた美濃の人びと」を加え、中濃地域に関わる人物を80名にまとめて編集し、『今を築いた中濃の人びと』として製本化されて岐阜新聞社より発行されました。

ここに至り、会員の多くは達成感を得て会の終結も議論されました。その反面、偉大な業績を残した中濃の人びとがまだいるのではないか、もっと人物を掘り起こすことができるのではないかという思いもあり、更に議論を重ね、活動を継続することに意を決しました。この決意の背景には、地域の皆様はじめ多くの方々よりの励ましの声をいただいたこともありました。

こうして、２００８（平成20）年10月から「続今を築いた中濃の人びと」として岐阜新聞に連載を再開し、15（平成27）年12月、80回をもって連載を完結することができました。この７年間、中濃史談論会は会員の入れ替わりもあり、前からの教育関係者に、他業種の者や家事専業者も加わり15名程となりました。執筆の専門家は一人もいないなかで、月例会では、次回に掲載される人物について調べ研究し、その発表者に質問をして会員どうしが学び合い、原稿審議ではその人物の事績の選び方や事実確認、文章の構成、表現、誤字脱字など意見を交わし、まさに会名の「談論風発」の心で皆で助け合いながら連載を続けてきました。

最初の美濃史学研究会から中濃史談論会の今に至るまで、実に18年、会は休むことなく地道に活動を続け、前編に続編を合わせて中濃地域に生きた１６０名の人びとを紹介することができました。まさに「継続は力なり」でありました。

今を築いた中濃の人びと

今あるものは、歴史がつくったものです。中濃地域に生まれ育った人が、また他地域より縁あって当地に来た人が、どのような今を築いたのか。それは、産業経済、政治、文芸、芸術芸能、科学技術、宗教など多分野におよびます。そして、その築いたもののなかには、中濃地域に留まらず日本国内へ、また世界へ波及したものもあります。

◇今を築いた人びと

過去を学ぶことは現在を学ぶことであり、その現在は未来へと連続する。中濃の人びとが過去に成し遂げたことは、どのような今につながっているのでしょうか。

福島第一原子力発電所事故によりエネルギー政策が見直され、太陽光や風力など再生可能エネルギーが普及し始め、水力発電もその一つであります。その水力による電源開発事業の先駆けとなったのが、加茂郡酒蔵村（現坂祝町）の兼松凞、他地域の人であるが当地に縁を結んだ小林重正や福沢桃介らでした。その事業は、中濃地域を流れる長良川水系と木曽川水系を舞台に行われました。電源の主役は、時代とともに変化してきましたが、新たな電源開発への模索は、彼らが生きた時代から今へと続いているのです。

日本の議会制民主主義は、初の衆議院議員総選挙が行われて第1回帝国議会が開かれたことに始まります。加茂郡太田町（美濃加茂市）の林小一郎は、自由民権運動を経て、その第1回国会議員となりました。また「地方創世」が叫ばれる昨今、地域の発展と活性化に尽力した人として、関市議会議員として中京圏と結ぶことで地域の活性化を図った酒井利道や、川辺町の町長として植林事業を展開した長沼覚道などがいました。

女性の社会進出は、現代日本の課題であり進展もしています。しかしそれがまだ難しかった時代、海老きぬは、単身上京して雑誌の編集など出版界で活躍しました。また福手きぬは、結婚を機に教員を退職して夫とともに蛭ヶ野高原を開拓し、その傍ら短歌を詠んで多くの作品を残しました。二人は、まさに女性の社会進出の先駆けでありました。

このように、本編は何らかの「今を築いた」人びとの歴史をまとめたものであり、前述の人びとはその一部分です。本編の80名（前編も含めれば160名）の人びとのなかに、それぞれがどのような「今を築いた」かを読み取っていただければ幸いです。

◇中濃の人びと

中濃地域は、日本のほぼ中央に位置し、中山道が東西に走り、北へは飛騨街道、郡上街道、南へは中山道の加納宿（岐阜市）を経て尾張名古屋に至る美濃路へと続き東海道にも繋がります。まさに交通の至便の地でもあり、多くの人や文化が当地を往来したものと思われます。

この地域的特性から、中濃の人びとは閉鎖的ではなく、むしろ積極的に文化を吸収し地域独自の文化を発展させていったことに驚きます。それは地域内に留まらず、中濃地域で醸成された文化が全国へ発信されることも多々ありました。次に、その事例を本編のほんの一部の人物についてですが紹介します。

加茂郡太田村（美濃加茂市）の坪内逍遙は、東京に出て近代文学の先駆者となり、また他地域からは、志賀重昂が木曽川に遊び「日本ライン」と命名し、野口雨情が関町（関市）に招かれ「関音頭」などをつくりました。このような著名な文化人が、中濃地域を縁として多くの文化発展に貢献したのでした。

長瀬登が開発した工業技術は、当地から全国に及び、後の超精密研削盤を開発する基礎技術となりました。佐藤良二が残した名古屋から金沢を結んだ桜並木は、「さくら道ネイチャーラン」として活用され、今や国内外から多くのランナーが集まる有名イベントとなりスポーツ文化の発展に寄与しました。

幕末の尊王攘夷論、佐幕論や討幕論、当地域においてもさまざまな情報が巡ったことでしょう。その動乱の幕末史の一端に関わり、対称的な人生を歩んだ二人がいます。一人は、久々利藩（現可児市）の西山謙之助で、尊王攘夷の立場で江戸へ出て討幕運動に身を投じました。もう一人は、郡上藩（現郡上市）の速水小三郎で、佐幕論の立場で凌霜隊副長として幕府方の会津藩とともに戦いました。

この他にも、東西南北の文化が交差する中濃地域で、積極的に外からの文化を受け入れ学び地域文化に発展に貢献した人や、育んだ文化を外部へ発信した人も多くいます。なかには、ＩＭＦ理事などを務めた国際的エコノミスト鈴木源吾、ブラジルに入植し成功をおさめ故郷の関市とブラジルのモジ市との姉妹都市提携に尽力した足立小平治など、世界を舞台に活動をした人もいます。

以上、本編の主題である「今を築いた」と「中濃」について思うところを述べましたが、本編80名の人びとの一部を紹介したにすぎません。後は、読者の皆様が80名のそれぞれの人生のなかに、この主題の意味するところを読み取っていただきたいと思います。

中濃の人びとの生き方に学ぶ

本編は６つの章からなり、各々表題がついています。これは本編に登場する中濃の人びとが、何を成し遂げ、どのように生きたかを端的に表現したもので、その意味は次のとおりです。

第１章「先駆ける」は、先頭に立って人々に道を指し示した人びとのこと。

第２章「夢見る」は、夢見た難事業に全身全霊を傾けて挑んだ人びとのこと。

第３章「育む」は、人を愛し地域のために尽くした人びとのこと。

第4章「伝える」は、先人の知恵や技術や文化を守り伝えた人びとのこと。

第5章「創る」は、失敗を恐れず新しい世界を切り拓いた人びとのこと。

第6章「磨く」は、情熱とたゆまぬ努力で自らの才能を開花させた人びとのこと。

私たち中濃史談論会は、中濃に生きた人びとの歴史を掘り起こし記録するという活動を長きにわたりさせていただきました。毎月一人の人物を取り上げ、その人の親類縁者から取材し、その人に関わる文献や資料も調べて執筆するという活動であり、他の仕事もある会員には重い負担であったことと思います。しかし、その苦労以上の喜びがあったこともまた事実であります。

それは、自分が書いたものが新聞記事として掲載されて皆様に読んでいただけるという喜びと、それ以上に、章題の如く中濃地域で懸命に生きた人びとの生き方に多くのことを学ばさせていただいた喜びでありました。その生き方に、励まされ、勇気をもらいました。

例えば、長野県の人であった関馨二は無医村であった上之郷村（御嵩町）に診療所を建て地域医療の発展に貢献しました。その姿は、貧困に苦しむ患者には無料で診察するだけでなく、見舞金さえ置いてくるという、実に献身的なものでした。地域の人びとの命を一人でも多く救いたい、そのような思いで地域に生きて死んだ一人の医師の姿に感動しました。

読者の皆様にも、その感動を共有し、その人びとの生き方に多くのことを学んでいただけるものと信じています。


最後になりましたが、18年という長きにわたった中濃史談論会の活動を支えていただいた皆様に謝意を表したいと思います。

本会の方向付けをしていただいた顧問の故船戸政一先生、毎月の原稿審議会などで的確な指導で会を導いていただいた前会長（現顧問）の勝山樹由先生には、大変お世話になりました。

また、新聞連載、本づくりに当たり、写真、資料提供、取材などで多くの関係機関や関係者の方々からご協力をいただきました。そして、これまで前後編合わせて160名に及ぶ中濃の人びとを新聞に連載を続けていただいた岐阜新聞社中濃総局の皆様には、本当にお世話になりました。そのご厚情とご支援に、会員一同深く感謝を申し上げます。

平成29年1月

髙木和泉

参考資料（参考文献・協力機関）

＊順不同

・「岐阜県史」
・「新修関市史」
・「洞戸村史」
・「富加町史」
・「美濃市史」
・「郡上八幡町史」
・「美濃加茂市史」
・「可児市史」
・「久々利村誌」
・「御嵩町史」
・「坂祝町史」
・「下麻生町誌」
・「高山市史」
・「ぎふの偉人たち」（岐阜新聞社）
・「岐阜縣郷土偉人伝」
・「岐阜人物地図」
・「ふるさと再発見」
・「中濃新聞」
・「椙山女学園１００年史」
・「岐中・岐高野球百年史」
・「富田小学校誌」
・「軌跡―国児童学園90年史」
・「豊和工業１００年史」
・「自由党史」
・「速水行道翁」
・「流響」
・「太刀風の音」
・「史談と古戦場の旅」
・「円空」
・「円空仏さつえい記」
・「足立小平治自叙伝」
・郷土文化誌「郡上」
・歌集「六畳の賦」
・歌集「流木」
・歌集「ひるが野」
・句集「満月の蟹」
・句集「三伏」
・句集「膩蝉」
・「私学人 椙山正弌」
・「岐阜の岡本一平」
・美濃加茂ふるさとファイル№９「生活絵巻に見る高橋余一のまなざし」

・美濃加茂ふるさとファイル№15「美濃の白隠」
・「市民のための美濃加茂の歴史」
・「日本風景論」
・「国際金融」
・「電力事業の人物史」
・「常楽開基徳雲和尚行業記」
・「オルガンは歌う」
・「きみが必要だ―非幸少年と共に生きて」ⅠⅡ
・郡上かるた副読本「ふるさとに学ぶ」
・「川辺漕艇場に対する雑感」
・「腹八分」
・回想「ひるがの」
・「岐美の道」
・「柳田国男全集」
・「縁に随う」
・「速水行道翁」
・「風の歌　パイプオルガンと私」
・「兼松濈之伝記」ⅠⅡ
・関善光寺境内の歌碑
・四郡角力十秋記念碑
・後藤助吉顕彰碑

・関馨二医師顕徳碑
・兼松濈顕彰碑
・社長兼松翁之寿像
・長沼覚道顕彰碑
・芭蕉の句碑
・長屋基馨の句碑
・坂井賢一先生顕彰碑
・戸田瀬川宇三郎碑

・岐阜県歴史資料館
・美濃市役所
・関市役所
・川辺町役場
・関市文化協会
・関伝日本刀鍛錬技術保存会
・関市円空館
・中部電力
・関西電力㈱東海支社
・㈱ミノグループ
・美濃加茂市観光協会
・郡上市教育委員会
・関市観光協会

・関市教育委員会
・美濃市教育委員会
・八百津町教育委員会
・劇団「ともしび」
・郡上おどり保存会
・古今伝授の里フィールドミュージアム
・たかす開拓記念館
・美濃加茂市民ミュージアム
・関商工高等学校ラグビー部
・小金田保育園
・㈱ナガセインテグレックス
・鵜の家 足立
・小池金型製作所
・蜂谷柿振興会
・可児郷土歴史館
・㈱ヤイリギター
・豊和工業㈱
・荒川豊蔵資料館
・上之郷公民館
・美濃白川茶農業協同組合連合会
・旧八百津発電所資料館
・川辺町ボートコミュニティー

・岐阜大学医学部附属嫌気性菌実験施設
・椙山女学園歴史文化館
・北茨城市歴史民俗資料館・野口雨情記念館
・千光寺（高山市）
・清泰寺（美濃市）
・瑞龍寺（岐阜市）
・瑞龍寺塔頭鶴棲院（岐阜市）
・臨川寺（関市）
・小松寺（関市）
・長水寺（関市）
・長蔵寺（坂祝町）
・臨川寺（川辺町）
・祐泉寺（美濃加茂市）
・北辰寺（郡上市）
・龍澤寺（静岡県三島市）
・静岡県三島市教育委員会
・宝林寺（横浜市）

執筆者一覧（中濃史談論会）

顧問
勝山樹由

会長
髙木和泉

会員（五十音順）
石崎文子
小川釟子
小野木卓
河合浩司
熊﨑康文
栗山　守
黒野幸男
後藤　章
早川克司
藤田佳一
村井義史
横田　稔

続今を築いた中濃の人びと

発行日　2017年２月１日

編　著　中濃史談論会

発　行　株式会社岐阜新聞社

総合メディア局出版室

〒500-8822　岐阜市今沢町12

岐阜新聞社別館４F

TEL 0584-264-1620　FAX 058-264-8301

製　作　ニホン美術印刷株式会社